Découvrir les 7 facettes du parent accompli

SYLVIE A. BOUCHARD

Découvrir les 7 facettes du parent accompli

Être parent éveilleur, guider avec compassion et sagesse

BÉLIVEAU
éditeur

Conception et réalisation de la couverture : Christian Campana
Illustration de la couverture : Shutterstock

Dépôt légal : 4e trimestre 2011
Bibliothèque et Archives nationales du Québec
Bibliothèque et Archives Canada

ISBN 978-2-89092-503-8

BÉLIVEAU
éditeur

920, rue Trans-Canada
Longueuil (Québec) Canada J4G 2M1
514 253-0403 / 450 679-1933 Téléc. : 450 679-6648

www.beliveauediteur.com
admin@beliveauediteur.com

Gouvernement du Québec — Programme de crédit d'impôt pour l'édition de livres — Gestion SODEC — www.sodec.gouv.qc.ca.

Nous reconnaissons l'aide financière du gouvernement du Canada par l'entremise du Fonds du livre du Canada pour nos activités d'édition.

IMPRIMÉ AU CANADA

À mes enfants,

Samantha, Nicolas, Isabelle et Jean-Philippe,

avec qui la vie m'a donné le privilège

de créer et de nourrir un espace sacré,

espace d'amour, de joie, de défis

et de transformation.

TABLE DES MATIÈRES

II – UN MODÈLE POUR COMPRENDRE ET TRANSFORMER LES RELATIONS

III – LE VOYAGE DE TRANSFORMATION ET DE DÉCOUVERTE DU PARENT ÉVEILLEUR : S'ACCOMPLIR COMME PARENT

AVANT-PROPOS

« La compassion nous arrête net et, l'espace d'un moment, nous nous élevons au-dessus de nous-mêmes. »

MASON COOLEY[1]

La sagesse, comme toutes les attitudes humaines, se vit bien plus qu'elle ne s'enseigne. Elle vient de la réflexion, du partage, de l'honnêteté avec soi et, inévitablement, avec les autres.

Je suis d'avis que nous apprenons tous les uns des autres à tous les niveaux et c'est quand j'écoute avec intérêt l'histoire des personnes qui entrent dans ma vie que j'apprends le plus. Leur parcours peut m'inspirer, directement ou *a contrario*, et nourrir la quête d'évolution qui m'anime, qui nous anime tous.

J'ai choisi d'écrire ce livre pour partager notre expérience à nous, comme famille reconstituée, m'inspirant de nos réussites, de nos chutes ainsi que des réflexions qui nous ont permis d'en tirer des leçons. J'ai beaucoup appris dans mon rôle de parent, puis de parent de famille reconstituée.

---

1. *Traduction libre par l'auteure.*

Je peux constater, en jetant un regard sur notre histoire de famille reconstituée, que bien des choses auraient pu être approchées différemment. Les erreurs nous préparent petit à petit à l'atteinte de notre excellence et à la libération de notre lumière. C'est en cheminant que l'on bâtit le sens de notre vie.

Je suis devenue parent il y a presque un quart de siècle! Nous étions au début de la trentaine, nous étions stables... pensions-nous. Quelques années plus tard, alors que mon second fils approchait ses quatre ans, ma petite famille nucléaire connaissait une triste fin. Après de longues années de vie commune et deux fils, notre couple éclatait pour prendre des directions séparées. Quelle qu'en soit la cause, malgré toutes les peines, peu importe les raisons, nous nous retrouvions tous les quatre au sein d'un monde qui s'écroule – au beau milieu des ruines des rêves que nous avions faits, des attentes non comblées et, surtout, propulsés dans une autre dimension – celle d'une vie à reconstruire du mieux qu'on peut.

Le divorce est comme une explosion. Ultimement, c'est souvent la culmination d'une longue route de déchirements et de souffrances, visibles ou non, et la rupture, son apogée, envoie tout voler en éclats, et les pots cassés ne sont malheureusement pas toujours ceux que l'on voudrait. Les effets à court et à long termes sont imprévisibles et profonds. Tant pour les conjoints qui se séparent que pour les enfants, lorsqu'il y en a, c'est une étape qui change la vie à tout jamais.

Puis un jour, le temps fait son œuvre, la douleur s'atténue et la guérison s'amorce, individuellement et dans les relations entre nous, chacun à son rythme. L'océan houleux se calme et nous naviguons en eaux paisibles… Mais voilà que, soudain, se forme un autre tourbillon, un vortex de fond qui nous aspire, à la rencontre de deux grands fleuves : un papa et une maman, tirant chacun derrière eux un ou plusieurs enfants, décident de fonder une nouvelle famille !

Introduction

Être parent en famille reconstituée

Aujourd'hui, bien des années plus tard, je réalise que la famille reconstituée a été un espace privilégié qui nous a offert, et continue de le faire, un potentiel inouï de découverte de notre humanité, par le biais de la relation parentale et familiale.

Être parent en famille reconstituée, *c'est l'art d'être parent mis à l'épreuve*, comme pour les compétitions de sports extrêmes, où les capacités, forces et qualités requises doivent être solides et constamment renouvelées, et exigent notamment d'amener en conscience la nécessité de vigilance, de maîtrise de soi et de sagesse ainsi que la foi profonde qu'on va y arriver.

Quel que soit le contexte familial, être parent est un défi de taille et, qu'on le réalise ou non, un parcours unique d'évolution et de transformation.

Comme pour tout parcours, plus nous le ferons en conscience et plus notre transformation sera réussie et heureuse. Et la conscience demande une préparation: il nous faut trouver nos outils, les appliquer et nous engager à les utiliser, tout cela dans le cadre d'une intention qui nous permet de garder le cap.

Dans un premier temps, nous cernerons notre espace : le contexte, celui de la famille reconstituée, cette famille que l'on refait, que l'on rebâtit, et qui présente de multiples défis. Car elle n'est plus la seule et unique famille : elle s'insère dans une toile complexe de familles au sein desquelles les enfants, comme les parents, doivent apprendre à s'adapter, à vivre et à trouver le bonheur et l'équilibre. Cette famille reconstituée met en jeu des étrangers qui s'unissent, donc est porteuse de compétition, de conflits, d'alliances et de révoltes potentielles ou bien réelles.

Notre réflexion se portera ensuite sur la relation parent-enfant, au-delà du rôle, dans la relation d'humain à humain. Naturellement, cela nous amènera vers la notion même d'humain et du rôle que, comme parent d'humains, nous choisissons de jouer. Nous y verrons l'importance même de l'intention, cette direction que nous donnons à notre vie, le sens que nous lui attribuons et qui imprègne toutes nos actions.

À la seconde étape, nous découvrirons quelques outils indispensables à notre parcours – outils de connaissance de soi et de l'autre, particulièrement utiles à la compétence relationnelle et affective, essentiels à notre transformation et au succès de notre voyage.

C'est à la troisième partie du livre que nous explorerons les sept facetttes du parent accompli. Elle recoupe un besoin exprimé par plusieurs avec qui j'ai eu le plaisir d'échanger, entre amis et au hasard, ou encore en clientèle et durant des ateliers ou conférences. Plusieurs d'entre eux ont déjà amorcé une réflexion, un travail sur soi important, mais manquent d'inspiration dans le feu de l'action. « Oui, mais comment ? »

Dans cette section, nous présenterons des problématiques fréquentes, à la lumière du modèle relationnel, et nous verrons comment ce modèle peut aider à faciliter les relations.

Cette section a toutefois un objectif plus vaste, celui de nous aider à développer en soi, et chez les enfants que nous guidons, l'immense potentiel humain duquel nous prenons source. Nous utiliserons pour cela le pouvoir de sept grands archétypes humains : le Parent aimant, le Gardien, le Guide, le Leader bienveillant, le Maître, le Sage et le Magicien. Nous puiserons notre inspiration à même la richesse des mentors intérieurs, ces gardiens sur lesquels nous appuierons la guérison de la relation et le développement de la compassion, de la sagesse et de la bienveillance.

Nous appuierons notre voyage sur le thème de l'éveilleur, qui allie l'ensemble de l'être et se fait le souffle de notre réflexion. Ce parent éveilleur qui se transforme et nourrit la transformation et l'éveil du potentiel, en lui et autour de lui.

Tout ouvrage comme celui-ci, simple goutte dans l'océan de la sagesse partagée, doit trouver sa voie une fois mis à flot. Je souhaite en mon âme qu'il contribue, à sa manière, à renforcer le guide intérieur, la conscience qui nous aidera à transcender les rôles parents-enfants pour entrer dans la relation d'humain à humain, avec compassion, bienveillance, sagesse et vigilance – nous amenant tous ainsi vers notre pleine humanité.

I

La préparation

Parents en famille reconstituée ou comment se préparer à une course qui débute en milieu de parcours?

Au-delà du divorce, la nouvelle famille!

Si l'on jette un regard sociologique à l'évolution de la famille nucléaire au cours des dernières décennies, de plus en plus d'unions se terminent par un divorce – et de plus en plus de parents refont leur vie avec un autre adulte ayant des enfants, créant du coup une toute nouvelle famille: la famille reconstituée.

La dynamique familiale de la famille reconstituée présente d'importants nouveaux défis et contraintes à ses membres. L'un d'entre eux, et non le moindre, consiste au fait d'appartenir maintenant à plusieurs noyaux familiaux. En d'autres mots, voilà que les enfants se retrouvent avec plusieurs *ensembles* de parents, de grands-parents et de frères et sœurs. La nouvelle famille de papa et sa conjointe, la nouvelle famille de maman et son conjoint, les grands-parents de sang et les grands-parents de la nouvelle alliance. Si les parents sont, eux aussi, membres d'une famille reconstituée, les permutations possibles sont immenses.

Selon les modalités de garde des enfants, et la qualité de la relation entre les parents divorcés, les enfants habitent même plusieurs foyers. Ils peuvent avoir une chambre dans la nouvelle famille de leur mère, et une autre dans la nouvelle famille de leur père. Conséquemment, l'enfant, qu'il le réalise ou non, fait maintenant partie non pas d'une seule famille, mais d'un réseau familial.

C'est là un défi important pour les adultes dans leur rôle de parents, et exige une compétence affective et relationnelle particulièrement développée – autant vis-à-vis de leurs propres enfants, des enfants de l'autre que des ex-conjoints, ex-belles-familles et nouvelles belles-familles.

À la réflexion, les défis de familles reconstituées présentent, particulièrement en termes relationnels, des défis qui s'apparentent aux autres formes de familles nouvelles: familles de parents du même sexe, familles d'accueil, ou toute famille qui exige de ses membres qu'ils s'adaptent, en cours de croissance, à d'autres parents ou enfants. Loin de moi l'idée de tomber dans la sursimplification ou de banaliser les défis propres à chacun, je vise plutôt à souligner la similitude des défis posés.

Lors d'une récente discussion avec ma fille qui étudie l'anthropologie à l'université, elle me rapportait les propos d'un de ses professeurs qui parlait de la famille reconstituée comme d'une structure familiale transitionnelle, qui *fait le pont* entre la famille moderne et la famille postmoderne. J'aime bien cette perception. Elle ouvre à de nombreux possibles, dont la latitude d'innover à l'art d'être parent, faisant des parents de familles reconstituées des pionniers du *nouvel art d'être parent*.

À la lumière de notre expérience familiale, et de celle de nombreuses familles avec qui j'ai discuté à ce sujet, les familles (nucléaires, reconstituées, monoparentales ou autres) constituent toutes des structures en évolution.

Quoique les routes diffèrent en termes de sentier d'évolution de la famille nucléaire qui le reste jusqu'à l'âge adulte des enfants, aux familles qui se divisent et se reforment en familles reconstituées, les familles semblent suivre une évolution relationnelle qui passe de la codépendance (des enfants et souvent des parents), à l'indépendance, puis à l'interdépendance.

Famille traditionnelle versus nouvelle famille

Parents de famille reconstituée, nous voici donc confrontés à un ensemble de nouveaux défis auxquels nous n'étions pas forcément préparés. Parmi eux :

- le réseau familial versus le noyau familial ;
- la diversité et nombre accrus des relations en jeu ;
- l'illusion d'instabilité familiale versus l'illusion de stabilité familiale ;
- d'autres illusions relationnelles.

Reprenons le principal défi que pose cette situation, l'appartenance à un réseau familial plutôt qu'à un noyau familial plus petit et plus serré. Ce qui s'est multiplié dans ce cas, c'est la quantité de liens relationnels en jeu.

Nous étions habitués à transiger avec les mêmes parents, les mêmes frères et sœurs le cas échéant, les mêmes règlements ; répétant les mêmes patterns, problèmes ou stratégies, encore et encore.

Voilà que nous devons ajouter un autre élément dans notre approche: la diversité. Et pour y faire face, nous avons besoin d'une nouvelle stratégie – stratégie qui allie une plus grande facilité d'adaptation et une plus grande souplesse.

Voilà également que nous percevons maintenant la mouvance, le changement perpétuel des relations – exacerbé par les besoins de changer physiquement d'endroit ou de structure (visiter les autres parents, changer de maison, avoir ou non les enfants avec nous ou s'en partager la garde, etc.).

Nous passons de «l'illusion de la stabilité» à «l'illusion de l'instabilité».

¤ FAMILLE NUCLÉAIRE ET ILLUSION DE STABILITÉ

À vrai dire, à mon sens, la stabilité familiale, telle qu'est souvent perçue la famille nucléaire, n'existe pas. Il s'agit là plutôt d'une illusion qui, au fond, nous empêche même de prendre conscience de ce qui est.

En effet, malgré un cadre structurel et familial en apparence permanent, les membres de la famille (parents comme enfants) sont en changement et en évolution perpétuels, individuellement et dans la relation. Le danger de s'installer dans cette illusion, c'est de considérer l'autre (parent ou enfant) comme acquis et de laisser engourdir la relation.

Pensez à vous-même, il y a une dizaine d'années. Revenez à votre manière de penser, de voir les choses, de réagir; quels étaient vos activités, vos passions, vos comportements. Y a-t-il eu des changements ?

Vous ne croyez pas ? Prenons notre relation à la technologie comme exemple. La seule évolution technologique et les quelques révolutions comme Internet, les téléphones cellulaires et autres phénomènes de communication par réseaux nous ont tous amenés à changer drastiquement notre manière d'interagir et de communiquer. Être enfant maintenant est aussi différent de notre propre enfance que si l'on venait d'une autre planète.

Revenons donc au point de «l'illusion de la stabilité».

Même si je suis toujours avec le même conjoint ou la même conjointe, et que le nombre d'enfants n'a pas changé depuis dix ans, les individus, eux, ne sont plus les mêmes. Et, pourtant, lorsqu'une relation est engourdie, je continue de transiger par habitude, répétant les mêmes patterns et réutilisant les mêmes comportements qui ne tiennent plus compte de l'évolution de mes interlocuteurs.

Lorsque je m'y attarde, je peux constater que je suis en interaction avec le *fantôme* de ces interlocuteurs, avec l'idée interne que je m'en suis faite, et qui ne tient pas compte de leur évolution ni de la mienne. Au lieu d'être dans l'ici maintenant, j'interagis avec le *passé* comme si j'étais prise dans une distorsion temporelle.

À force de me maintenir dans la perception illusoire que je transige avec la même personne, je développe une certaine sécurité dans la relation – et, souvent, j'évite de vraiment exprimer mes émotions, besoins ou idées et, inversement, je n'écoute ou n'entends plus ceux qui sont exprimés (ou non) par mon conjoint ou mes enfants. Il m'arrive souvent aussi d'assumer que je comprends ou que la personne me comprend (donc de *lire sa pensée*) – ce qui est tout aussi problématique que le manque d'écoute si j'oublie de valider ma présupposition. Je suis coincée dans le syndrome de la *vieille pantoufle*, cette impression de sécurité que je retire d'un environnement familier et répétitif. Mais tout cela est une illusion.

¤ Famille nouvelle et illusion d'instabilité

Dans la même veine, autant la stabilité est illusoire, autant l'instabilité normalement attribuée à la famille reconstituée ou monoparentale l'est également. Au fond, de moment en moment, de contexte en contexte, il est plus approprié de parler d'équilibre. Les ajustements, interactions, actions que nous faisons à l'intérieur d'un système ont un impact sur l'équilibre de ce système. Et la capacité de ce système à s'ajuster est ce qui lui donne sa stabilité, ou non.

Dans la nouvelle famille reconstituée, plus de facteurs sont en jeu. Les risques de déstabilisation sont donc plus nombreux, comme le sont les influx pouvant en solidifier l'équilibre. L'équilibre dépendra grandement du niveau de conscience des membres du système et de perception de leur rôle au sein de ce système.

L'ART D'ÊTRE PARENT, C'EST AVANT TOUT L'ART D'ENTRER EN RELATION

Nous oublions trop souvent que nos enfants sont avant tout des êtres humains. Combien de fois vivons-nous dans une sorte de transe dans laquelle nous nous identifions à notre rôle, en l'occurrence celui de parent, et oublions qu'au-delà du rôle (de parent et de l'enfant), au-delà des règles et des «il faut», se trouvent des êtres humains. Êtres humains à la fois forts et vulnérables, sains et blessés, et en constante évolution.

Il en va tout autant de nos conjoints. Hypnotisés par nos rôles respectifs, nous adoptons de nouveaux comportements, de nouvelles attitudes l'un envers l'autre, après l'arrivée des enfants dans notre couple. J'entends cet exemple fréquent de mamans qui craquent sous le poids des responsabilités et me confient: «Vraiment, depuis que j'ai des enfants, j'ai l'impression d'avoir perdu mon identité. Je ne suis plus que la mère de X et Y, ou la femme de Z. Je ne me reconnais plus, je suis constamment fatiguée ou stressée.» Elles ont raison, elles ont vraiment perdu leur identité. En s'identifiant fortement à un rôle (dans ce cas, celui de mère ou d'épouse), elles perdent conscience de leurs racines, de leur lien à la source, à leur nature fondamentale et, du fait, perdent véritablement leur identité. En réalité, elles ne s'identifient maintenant qu'à une parcelle de leur véritable identité, de leur véritable nature.

Dans certaines approches, nous nommerons ce phénomène l'identification à l'ego, ou à notre persona. Nous sommes tous engagés dans un parcours, ce parcours d'évolution et de maturation qui nous permettra de réaliser non pas que nous nous sommes éloignés de notre essence, mais que nous ne la discernons plus à cause de la trop grande quantité d'interférences, de brouillard, qui nous en empêche. Nous sommes toujours nous-mêmes, nous avons juste oublié d'en être conscients. Notre parcours d'évolution consiste à prendre conscience des interférences, de tout ce qui vient brouiller, polluer, notre connexion à notre essence. Dans le but de retrouver enfin notre pouvoir personnel et notre essence.

Pour me relier à l'autre, je dois savoir qui je suis!

Il ne s'agit pas là d'un énoncé en faveur de l'égocentrisme! Bien au contraire, en fait, même le Dalai Lama, diligent défenseur de la compassion, nous enseigne qu'il ne peut y avoir de compassion envers l'autre sans qu'on ait tout d'abord de la compassion et de l'amour pour soi.

Une relation à l'autre saine implique obligatoirement une relation à soi tout aussi saine. Si j'interagis depuis ma partie blessée, depuis mes préjugés, mes croyances limitantes ou mes patterns d'enfance, je ne fais que reproduire ces patterns, encore et encore, et je suis plus fortement en relation avec mes *vieux patterns* qu'avec la personne en face de moi.

Je ne vous apprendrai rien: une relation à soi saine nécessite que l'on se comprenne soi-même, que l'on s'accueille et que l'on soit prêt à effectuer un important travail sur soi. Pour accueillir, reconnaître, guérir ce qui est là. Bien que le présent ouvrage puisse nous amener indirectement à ces prises de conscience, là n'est pas son objectif principal[2].

En effet, quand nous nous trouvons en situation familiale, nous devons souvent effectuer ce travail parallèlement à notre rôle de parent. Et, comme je le mentionnais plus tôt, lorsque nous traversons un divorce, pour ensuite nous engager à construire une nouvelle famille, nous devons être en mesure de nous adapter immédiatement et d'acquérir sur le tas les compétences requises. C'est une question de survie, de bonheur et, en bout de ligne, de santé mentale !

Quand je ne sais pas que je ne vois pas !

L'un de mes plus grands défis dans mon travail de coach de vie consiste à amener mes clients à prendre conscience du pouvoir de l'inconscient dans leur quotidien. Par exemple, l'un des phénomènes les plus curieux chez l'humain est la capacité de l'esprit à sélectionner, souvent à son insu, les informations qu'il perçoit.

Une de ces manifestations est le phénomène de cécité sélective. On peut aussi en retrouver d'autres sous-manifestations, comme la cécité inattentionnelle et la cécité au changement.

Qu'est-ce que cela veut dire ? Tout simplement que notre cerveau nous joue des tours et nous rend partiellement aveugles – il

---

2. *Je vous invite à lire ou à relire mon ouvrage « Quand on fait semblant d'être soi », qui vous amène à travers un parcours de découverte vers une connexion plus profonde à votre nature essentielle, votre compassion et votre humanité, Béliveau Éditeur, 2010.*

nous empêche de voir et de percevoir ce qui est là devant nous, à l'extérieur comme à l'intérieur.

Prenons par exemple une étude[3] sur la cécité inattentionnelle (un *hoquet* de l'attention). On a demandé à des observateurs de regarder une vidéo dans laquelle deux équipes de football s'affrontaient. Divisés en équipes, les observateurs reçurent comment consigne d'observer soit les verts, soit les rouges. À la fin de la vidéo, on demanda aux observateurs de rapporter ce qu'ils avaient vu. Tous firent un compte rendu détaillé des coups ou des infractions, mais aucun n'avait remarqué l'arrivée, à quelques minutes de l'entrée de jeu, d'une personne déguisée en gorille qui traversa le terrain. Personne. Concentrés qu'ils étaient sur leur «intention», leur focus se trouvait non seulement sur les joueurs, mais aussi sur la nécessité d'observer le plus possible. Il s'ensuivit une vision *sélective*, qui leur fit manquer l'événement, aussi bizarre fût-il.

Dans le quotidien, ce phénomène nous arrive à tous, tous les jours. Ne vous est-il jamais arrivé de chercher vos clés d'auto pendant plusieurs minutes, partout à travers la maison, dans un état de quasi panique, pour finalement vous apercevoir qu'elles se trouvaient là, bien en vue tout ce temps, sur la table d'entrée ?

Ou encore, si vous estimez que votre focus soit sans faille – essayez de faire en toute honnêteté des mots mystères (ces grilles de mots cachés que l'on doit découvrir) – tous les mots sont bien visibles. Et, pourtant, il prend à notre esprit plusieurs minutes pour les identifier un à un, particulièrement si nous sommes moins familiers avec le vocabulaire utilisé ou avec la langue du puzzle.

Bon, je pense que vous saisissez bien le phénomène maintenant. Mais peut-être êtes-vous un grand sceptique et estimez-vous encore que votre focus est tel que cela ne vous arrive jamais… Je vous invite à noter sur une liste (sans tricher) les vêtements que chaque

---

3. *Simons, D. J. et Chabris, C. F. (1999).* Perception, *28(9), p. 1059-1074.*

membre de votre famille portait ce matin (ou encore ce que chacun a mangé pour le petit-déjeuner) sans vous tromper!

Ce phénomène est à la fois une bénédiction et une malédiction. Bénédiction, car nous sommes assaillis par des millions de blocs d'information par seconde et notre cerveau inconscient ne peut en traiter que quelques centaines de milliers, (oui! par seconde), alors que notre cerveau conscient n'arrive à en traiter que quelques centaines (ce qui est déjà bien!). Si nous ne les filtrions pas (en ne les «voyant» pas, par exemple) ou ne les oubliions pas, il ne nous faudrait que quelque temps pour que toutes nos soupapes éclatent!

C'est aussi une malédiction, car nous ne sommes pas toujours (en fait, presque jamais) conscients de ce que notre cerveau filtre (omet, oublie ou autre) pour nous.

En fait, non seulement le cerveau a-t-il la capacité d'omettre, mais aussi de remplir les points qu'il omet! Un exemple qui m'étonne toujours, c'est la tache aveugle (tache de Mariotte) que l'on retrouve dans l'œil, derrière la rétine, là où les fibres du nerf optique viennent s'épanouir. Cette région ne contient aucun récepteur, donc ne peut reproduire les images saisies par l'œil et constitue une tache aveugle normale dans le champ visuel. Cette tache n'est pas perçue par nous dans des conditions ordinaires, grâce à la capacité du cerveau de remplir la tache, nous empêchant de *voir* le vide. Fascinant, non? Il est, à mon sens, tout à fait plausible d'imaginer que notre cerveau fasse la même chose pour plusieurs espaces de perception de notre expérience (physique tant qu'auditive, psychologique ou autre).

C'est pourquoi il est si important d'accroître notre niveau de conscience, notre sensibilité à ce qui est mais que nous ne percevons pas (encore): les angles morts.

Prendre conscience des angles morts : agrandir l'angle du rétroviseur

L'une des étapes importantes de la connaissance de soi, c'est d'apprendre à reconnaître nos *angles morts*. L'ampleur de la cécité que nous avons vis-à-vis de nous-mêmes, de nos comportements, de nos réactions et actions, de nos émotions également.

¤ APPRENDRE À VOIR QUE... *NOUS AVONS TOUS DES ANGLES MORTS*

Il s'agit ici à la fois de l'effet et de la cause de notre cécité. Si nous avons décidé que nous sommes pleinement conscients de tous nos états, comportements, à tout moment, nous créons une première condition requise d'omission dans la perception. L'esprit humain cherche à avoir raison, c'est sa nature même. Alors si je clame que *je me connais, j'ai fait du travail sur moi*, ou si je suis parfaitement convaincue que c'est l'autre qui a tort ou qui me victimise (manipule, torture, ne me comprend pas...) – et que je ne suis en rien responsable de la relation, je peux être certaine que me voilà bien installée dans un angle mort.

¤ APPRENDRE À VOIR QUE... *LE SYSTÈME (FAMILLE RECONSTITUÉE ET RÉSEAU PÉRIPHÉRIQUE) EST EN CONSTANTE ÉVOLUTION*

En fait, il peut arriver souvent que la situation semble plutôt confortable, mais elle peut toujours être améliorée, car, comme pour les points morts, la cécité s'applique souvent aux situations, aux comportements (les nôtres ou ceux de nos enfants ou de notre conjoint) ou autres qui pourraient être menaçants pour la relation. Certaines personnes, aveuglées littéralement par la peur d'échouer, ne *voient* pas les signes avant-coureurs de problèmes et sont les premières surprises à l'arrivée de crises.

Si nous tenons pour acquis qu'il y a toujours place à l'évolution – pour plus de compassion, plus d'amour, plus de compréhension, plus de sagesse, plus de vigilance – ce qui est le cas, alors nous diminuons le danger de ne pas percevoir le mouvement permanent du système et la nature transitoire de toutes les interactions qui s'y produisent.

¤ APPRENDRE À VOIR QUE... *J'AI LE POUVOIR DE CHANGER LA DYNAMIQUE DE MES RELATIONS DANS LE SYSTÈME, EN PRENANT CONSCIENCE DE MES COMPORTEMENTS ET PERCEPTIONS*

Vous remarquerez que j'ai évité, avec soin, de référer au pouvoir de changer les autres ou même soi-même. La nature fondamentale d'une personne ne se change pas. De plus, on ne peut faire changer personne. La seule personne sur qui on aura un véritable impact, c'est sur soi. Non pas pour changer mais pour évoluer, pour retrouver la paix intérieure, la clarté d'esprit, et faire progresser les qualités de l'humain complet, centré.

Supposons que nous décidions qu'il serait en effet bénéfique d'augmenter notre niveau de conscience du présent et de soi. Comment faisons-nous quand notre vie est un tourbillon qui fonctionne à 150 km à l'heure et que nous jonglons en même temps avec les ballons famille, boulot, perso, et probablement bien d'autres?

QUELQUES PETITS CONSEILS POUR ÉVOLUER, MÊME QUAND ON EST À LA COURSE[4] !

PRENDRE LE TEMPS : vraiment se garder du temps pour soi, idéalement tous les jours, se créer un espace de silence (intérieur et extérieur). Si vous amorcez le parcours, il est peut-être même trop tôt pour penser à méditer. Mais prendre un temps d'arrêt, respirer à

4. *Extrait de l'ouvrage de l'auteure «Quand on fait semblant d'être soi», Béliveau Éditeur, 2010.*

fond, ne RIEN FAIRE, permet au corps et à l'esprit de retrouver leur espace. Prendre le temps aussi, dans le temps, car il n'y a pas d'urgence. Il faut laisser mûrir les choses. Il en va de même pour notre évolution.

PETITS CONSEILS D'AMIE : Je sais qu'il est souvent difficile de prendre du temps avec la marmaille qui vous sollicite. Voici une liste de suggestions, à choisir selon ce qui vous appelle le plus ; ou encore créez la vôtre.

- Réglez le réveil une quinzaine de minutes plus tôt le matin et restez au lit, tout en pratiquant l'art d'être dans le moment présent. Vous pouvez en profiter pour méditer ou réfléchir à votre intention pour la journée, histoire de vous y aligner, d'allumer le phare !
- Prenez trente minutes par jour (au lieu de la télé ?) pour faire des étirements, du yoga ou du tai chi. Savourez chaque mouvement, apaisez votre esprit en portant toute votre attention physique et mentale sur chacun des mouvements. Sentez bien chaque muscle et votre corps tout entier.
- Prenez du temps pour lire un ouvrage inspirant. Faites suivre par un moment de réflexion sur un des thèmes du livre ou encore sur son lien avec votre vie, comme être humain, sur votre rôle et vos contributions. Écrivez votre réflexion.
- Inscrivez-vous à un cours de yoga, de tai chi ou de méditation.
- Marchez tous les jours pour le plaisir. Savourez ce plaisir de vous retrouver avec vous-même, d'apaiser votre esprit.

INVITEZ LA COMPASSION : portez sur vous-même un regard d'amour et d'accueil. Lorsque vous vous imprégnez, jusque dans toutes vos cellules, de compassion – l'amour empreint de respect et d'acceptation – toutes vos actions, votre identité, votre vision en seront changées.

> **PETITS CONSEILS D'AMIE :** Le quotidien vous offre une panoplie d'opportunités pour pratiquer la compassion et la patience. Dans une file d'attente, plutôt que de vous impatienter, découvrez le plaisir de ne rien faire sans culpabilité ! Enfin une pause dans votre journée haute vitesse. Profitez-en ! Savourez le plaisir d'être patient ! Régalez-vous de ce qui est autour de vous. Comme si vous étiez en vacances. Détendez tous vos muscles, incluant ceux de votre visage. Souriez avec votre cœur, vos yeux. Voyez l'humain en face de vous ; il appelle l'humain à l'intérieur de vous.

OBSERVEZ-VOUS : lorsque vous aurez fait, à quelques reprises, l'expérience de vous observer, en mouvement ou non, vous remarquerez que la position témoin d'observateur avec compassion vous permet de reconnaître comment vous créez votre réalité. Vous prendrez conscience de vos ressentis et de comment ils sont des *messages* de vous à vous. Vous apprendrez à les décoder, vous en reconnaîtrez l'interprétation que vous en faites, et vous vous ouvrirez à d'autres sens possibles.

PETITS CONSEILS D'AMIE : Apprenez à vous observer sans vous juger ou même sans essayer de vous changer. Prendre conscience de ce que l'on fait amène très souvent une transformation intérieure profonde. Surtout si nous prenons du temps de réflexion sur notre intention, notre phare.

APPRENDRE À SE CENTRER : une pratique essentielle dans l'art de se connaître et d'entrer en relation consiste à savoir se centrer. Se centrer, c'est être capable de se distancier de ses émotions, tout en les accueillant, de manière à différencier les illusions liées aux expériences passées de la seule réalité qui existe, celle de l'ici maintenant. Apprendre à se centrer, c'est apprendre à apaiser son esprit, à sortir de ses scénarios mentaux, à revenir dans le corps, dans le ressenti, mais aussi dans l'inspiration de son essence. C'est aussi apprendre à s'accueillir entièrement, tel qu'on est, sans jugement, avec amour et bienveillance, c'est se prendre soi-même par la main.

PETITS CONSEILS D'AMIE : Apprendre à se centrer est probablement l'habitude la plus utile pour recouvrer le bien-être. Plus on le met en pratique et plus il devient facile de retrouver sa présence à soi. Les meilleures approches de centration sont la méditation, la contemplation, la présence à l'ici maintenant. Elles aident à retrouver la paix d'esprit et la clarté intérieure. Les bénéfices physiologiques, psychologiques et relationnels sont innombrables. Se centrer permet de retrouver le lien à sa nature véritable ; c'est comme respirer de nouveau. Un incontournable !

PRENDRE CONSCIENCE : c'est en étant bien présent au *ici maintenant* que vous pouvez le mieux élargir votre conscience. Étrangement, ce n'est pas en vous forçant, mais en vous assurant d'être en état de réception, que la prise de conscience est la plus naturelle, la plus écologique. Et chaque prise de conscience vous amènera à prendre conscience de plus en plus profondément des niveaux de votre expérience. C'est mon expérience que plus nous élargissons la conscience et plus nous sommes bénis par les prises de conscience, les épiphanies, les synchronicités. Comme des cadeaux qui viennent enrichir notre réalité, de nous à nous, puis de nous à l'humanité, et inversement.

> **PETITS CONSEILS D'AMIE :** Prendre conscience de ce qui est là, c'est presque magique ! Nous vivons à un point tel sur le pilote automatique que le seul fait de commencer à prendre conscience nous ouvre les yeux. Nous découvrons à nos pieds un monde de merveilles, de possibles, d'abondance. Il est toujours là, c'est simplement qu'on ne le voit pas !

SAVOIR ÉCOUTER : la clé d'une communication réussie, pierre d'assise de la relation, n'est pas tant ce que vous dites ou comment vous le dites, mais réside plutôt dans la qualité de votre écoute. L'écoute se fait avec l'être tout entier, dans le silence de l'esprit, la paix du corps, bien campé dans la relation et, surtout, dans le moment présent. Une pleine écoute requiert de se mettre sur *pause* pour le temps du message, attentif non seulement à ce qui est dit, mais à tous les autres niveaux de la communication, des émotions à l'intuition.

Petits conseils d'amie : Apprendre l'art de vraiment écouter vous ouvre toute grande la porte à l'humanité. Vous serez étonné de l'aisance avec laquelle la personne qui se sent vraiment écoutée, avec intérêt, ouvre son cœur et son âme. Car, pour écouter, votre cœur et votre âme à vous sont déjà ouverts. Apprendre à écouter, c'est apprendre à notre narrateur intérieur à se taire... et à respirer.

De l'extérieur à l'intérieur à l'extérieur

En tournant notre regard vers nous-mêmes, nous avons réappris à nous connaître ; nous sommes en train de retrouver nos racines, notre véritable nature. La compassion et le respect que nous nous offrons nous permet d'évaluer notre valeur, nos limites, nos besoins réels. Nous avons déjà un bel aperçu du meilleur être humain que nous sommes en train de devenir et qui est déjà à l'intérieur de nous, notre nature profonde. Et, à ce point-ci, notre conscience étant profondément enracinée en nous, nous pouvons enfin tourner un regard nouveau vers l'extérieur.

Et l'extérieur, c'est notre contexte : notre nouvelle famille, un mélange éclectique de personnes, d'habitudes, de comportements, de jugements, de passés et de potentiel. Au-delà des enfants et parents, mais aussi des ex-conjoints, ex-belles-familles, nouvelles belles-familles et, pourquoi pas, nouveaux chiens et chats !

L'ART D'ÊTRE PARENT AVEC CONSCIENCE, COMPASSION ET SAGESSE

« Dites-moi, je vous prie, de quel côté faut-il me diriger?
– Cela dépend beaucoup de l'endroit où
vous voulez aller, dit le Chat.
– Cela m'est indifférent, dit Alice.
– Alors peu importe de quel côté vous irez, dit le Chat. »

LEWIS CARROLL
Les Aventures d'*Alice au pays des merveilles*

Que notre parcours en soit un de héros, de transformation ou tout simplement de survie, il importe de bien s'y préparer.

Ainsi, lorsque nous nous retrouvons ensuite à désirer reconstruire une structure familiale, nous avons généralement traversé une certaine étape de guérison et de pardon. Si ce n'est déjà fait, la santé de la nouvelle famille exigera que cette guérison se fasse tôt ou tard.

Comme je le mentionnais plus tôt, l'une des difficultés de notre rôle comme parent vient du fait que notre évolution affective, émotive et relationnelle s'effectue pendant que nous sommes dans le feu de l'action.

Maintenant que nous avons cerné quelques défis et le contexte de notre espace de vie, voyons un peu comment nous pourrions lui donner une certaine direction. Nous savons maintenant où nous sommes et d'où nous venons... il nous reste à établir où nous désirons aller.

Parent d'humains

« L'essentiel... dans l'éducation,
ce n'est pas la doctrine enseignée, c'est l'éveil. »

RENAN[5]

Une prémisse importante à tout mouvement d'évolution, avant même la prise de conscience, est la nécessité de poser l'intention. Trouver l'intention requiert souvent que je m'arrête pour faire un bilan, pour amorcer une réflexion plus profonde sur la raison d'être même de ma relation parent-enfant.

Quel est le sens profond de ma présence dans la vie de mes enfants, de mon conjoint, et de ma présence dans la leur?

Quelles sont les valeurs, les principes, les comportements et autres aspects importants que je désire transmettre à mes enfants et incarner dans mon rôle de parent?

Comment mon rôle de parent peut-il représenter une partie de la contribution que je lèguerai à l'humanité après mon départ?

Faire la réflexion, prendre le temps, c'est découvrir vers quoi je porterai mon attention, où je dirigerai l'intention, la lumière.

Si je porte la lumière vers la voie la plus élevée, vers l'essence de ma mission, de ma raison d'être, et que j'aligne mes actions, mes réflexions et mes comportements sur cette voie, alors je saurai, au plus profond de moi-même, que ce que je fais est bien, bon et bienfaisant.

Je pourrai absorber l'ampleur des espaces où je serai en mesure non seulement de réaliser mon humanité, mais de guider les pas de mes enfants, de ma famille. Je prendrai conscience que je suis,

---

5. *Petit Robert 1 – Éveil, déf. – Paris, 1989. p. 716.*

comme parent, à la fois guide, mentor, protecteur et gardien des enfants que la vie me confie. Depuis la naissance ou non.

Nous sommes des parents d'humains. Ni plus, ni moins. C'est un privilège. Et avec le privilège vient la responsabilité.

Et, comme parents, notre responsabilité fondamentale est d'accompagner ces êtres en croissance vers la réalisation la plus ultime possible des grandes qualités humaines. Je suis persuadée que notre rôle, comme parent, est de découvrir en nous l'humain complet qui saura guider avec sagesse, compassion et bienveillance, ces autres humains, nos enfants.

C'est un contrat d'âmes, une entente spirituelle et collective peut-être, et dans cette quête où nous sommes parents, il est important de nous ouvrir à l'humanité de ces êtres qui ont, eux aussi, beaucoup à nous apprendre.

Nous sommes parents d'humains. C'est une grave responsabilité et un précieux cadeau. Il n'en tient qu'à nous de lui conserver son côté sacré, ou de le lui arracher.

L'humain complet

> *« Il y a deux types d'êtres humains.L'être humain animal, sensible à l'utile, et l'être humain humain, sensible à ces aspects divinement superflus de la beauté. »*
>
> JOSEPH CAMPBELL[6]

J'aimerais m'attarder quelques moments sur l'humain complet tel que le nommait Maslow; l'Anthropos ou l'humain éveillé des grandes philosophies et religions.

6. *Campbell, Joseph.* Les mythes à travers les âges. *Éditions Le Jour, 1993, p.14.*

Comme êtres humains, notre cerveau sélectif nous amène à réduire le sens de notre vie à notre tourbillon d'activités quotidiennes, à ce que perçoivent nos sens (ou ce que notre cerveau croit percevoir) et à fonctionner dans ce que plusieurs ont appelé la *transe de personnalité.*

Il est fondamental, à mon sens, de prendre le temps non seulement pour notre santé physique et mentale, mais de nous engager à accroître notre savoir, notre réflexion et de méditer sur ce qui donne un sens à notre vie.

Cela me désole toujours d'entendre quelqu'un affirmer avoir effectué le travail sur soi qui était nécessaire et considérer que *maintenant, je n'en ai plus besoin; de toute manière, il vient un moment où tout se répète, où tout se ressemble.*

Il est possible que les écrits et enseignements se ressemblent, car, en fait, puisqu'ils se réfèrent à l'humain à son niveau d'évolution le plus élevé, il est inévitable qu'ils se recoupent. Une de mes images préférées à ce sujet est celle-ci: notre parcours d'évolution humaine, c'est un peu comme grimper une montagne. Plus nous sommes près du bas de la montagne, au début du parcours, plus les écarts entre les voies sont grands. Mais plus nous approchons du sommet de la montagne, plus ces écarts diminuent. Tout près du sommet, nous pouvons tous nous toucher la main. Il en va de même des diverses approches. Au sommet de la montagne, dans leur essence, celles-ci se touchent et se recoupent. Et nous amènent au même endroit.

Or, la découverte des principes et des réflexions n'est pourtant qu'une toute première étape de l'évolution – il s'agit ensuite de découvrir à l'intérieur de nous ce qui nous guide, ce qui nous appelle – et surtout de le mettre en pratique dans notre quotidien.

Je peux lire des centaines d'ouvrages sur la compassion, l'éveil ou la compétence émotionnelle. Si ces notions ne demeurent que dans mon discours, elles ne m'aideront aucunement à évoluer comme être humain ni à contribuer à l'évolution de l'humanité. La sagesse s'acquiert par l'expérience, dans la vraie vie.

Quand on oublie d'aimer

« L'essentiel est invisible pour les yeux,
répéta le Petit Prince, afin de se souvenir.
– C'est le temps que tu as perdu pour ta rose
qui fait ta rose si importante.
– C'est le temps que j'ai perdu pour ma rose...
fit le Petit Prince, afin de se souvenir.
– Les hommes ont oublié cette vérité, dit le renard.
Mais tu ne dois pas l'oublier. Tu deviens responsable pour toujours
de ce que tu as apprivoisé. Tu es responsable de ta rose...
– Je suis responsable de ma rose...
répéta le Petit Prince, afin de se souvenir. »

ANTOINE DE SAINT-EXUPÉRY[7]

Tout parcours, de héros ou de transformation, est nécessairement semé d'embûches, d'écueils, de défis. Peu importe l'ampleur de notre vision, la grandeur de notre rêve, nous ne pourrons changer le monde qu'en créant *en nous* le monde dont nous rêvons.

Nous avons tourné le regard vers l'intérieur, mais le retour inévitable vers l'extérieur passe par nos cercles intimes. La paix et le bonheur humains sont illusoires si nous ne les colorons pas de la qualité de nos relations à nos proches.

C'est au sein de nos familles – particulièrement de ces familles où nous sommes appelés à apprivoiser la relation avec des enfants

7. *Saint-Exupéry, Antoine de.* Le Petit Prince. *Éditions Gallimard, 1946, p. 74.*

qui, jusqu'à récemment, nous étaient étrangers – que nous apprenons à créer un monde meilleur.

Infiniment sollicités par le quotidien, les responsabilités, les soucis et le rythme rapide de la vie moderne, nous oublions malheureusement souvent l'essence, la nature fondamentale de la relation humaine: l'amour. Même lorsque nous parlons de compassion – la forme la plus élevée, la plus inclusive, l'alliance sacrée de l'amour humain et du divin – notre approche est souvent théorique, filtrée par le mental.

Prenons du temps, chaque jour, avec soi-même; que ce soit par le biais de la contemplation, de la réflexion, de la méditation, de la prière ou de la connexion à la nature.

Assurons-nous de réintégrer l'amour dans notre cœur. L'amour, c'est l'énergie qui relie littéralement tous les êtres vivants, l'univers, comme une trame continue, invisible mais présente.

Je trouve toujours intriguant de constater à quel point il est difficile pour plusieurs de dire *je t'aime* ou de même nommer l'amour. Difficile aussi de recevoir, tout simplement, l'amour. Pas surprenant que l'on soit les premiers étonnés quand, durant un moment de bilan et de réflexion, on constate qu'on ne sait plus si on aime ou qui on aime.

Les activités que créent notre mental – les émotions toxiques, l'agitation, le rythme et toutes ces interférences qui nous coupent de notre nature – nous empêchent de percevoir ce qui est là. Et ce qui est là, quand il ne reste plus rien, c'est l'amour. Prenons donc conscience de ce qui est là, de qui n'y est pas, et éveillons-nous aux interférences qui nous empêchent de percevoir notre lumière.

Dans son merveilleux livre *La mort intime*[8], Marie de Hennezel nous partage sa réflexion sur une forme d'accompagnement particulier, la *rêverie maternante*. J'aime énormément cet état, non seulement centré mais en relation à l'autre, dans une autre dimension de la relation.

¤ RÊVERIE MATERNANTE

«J'ai appris auprès des mourants à veiller silencieusement ceux qui dorment, ceux qui sont dans le coma, et j'ai découvert le plaisir qu'il y a à rester là sans rien faire, simplement présente, en éveil, attentive, comme ces mères qui veillent leurs petits endormis. Le psychanalyste W.F. Bion emploie une jolie expression pour qualifier cette sorte d'accompagnement qui, selon lui, a d'importants effets d'apaisement, notamment sur l'angoisse: il parle de *rêverie maternante*. Il n'est pas donné à tout le monde de pouvoir assumer ainsi un certain flou de son être, d'entrer en résonance affective spontanée et immédiate avec autrui.»

Cette rêverie, cet état de *flou de son être*, comme une présence d'âme, une paix de l'esprit, comme si on s'assoyait dans la relation, dans l'accueil le plus total et bienveillant, je l'utilise comme une méditation de l'être tout entier. C'est apprendre à être présent à la présence.

C'est comme s'asseoir dans sa source, baigner dans l'amour. Nous oublions souvent que l'amour est l'essence même de notre nature profonde, nous n'avons pas besoin de le diriger ou de le forcer, il s'agit juste de dégager assez l'espace et la conscience pour le laisser nous trouver. Et irradier.

En développant de plus en plus la capacité à retrouver cet état, je peux plus facilement retrouver mon centre, mais aussi me faire

8. *De Hennezel, Marie.* La mort intime. *Éditions Robert Laffont, Paris, 1995. p. 85.*

gardienne de l'espace sacré de la relation, au-delà des conflits et interférences des émotions ou de l'ego. Nous y référerons plus tard sous le terme de *parent aimant*.

Être parent éveilleur

Lorsque je fais le point, que je médite sur mon rôle comme parent d'humains, je réalise que, puisque le but de tous les humains est de trouver l'éveil, la paix de l'esprit, le bonheur, il est de ma responsabilité de faire le parcours en moi et d'accompagner ceux que j'aime. Conséquemment, comme parent d'humains, je perçois mon rôle et ma responsabilité comme suit :

- développer les grandes qualités humaines : la compassion qui inclut amour tendresse et inconditionnel, la sagesse, la bienveillance et la patience, la vigilance et la discipline, la créativité et l'intuition ;
- chez moi d'abord et chez mes enfants, par l'exemple et l'enseignement ;
- en étant pour eux un guide, un gardien, un leader bienveillant, un parent aimant, un maître, un sage et un magicien ;
- comme parent d'humains, je contribue à mon éveil et au leur. Éveil de leur potentiel, de leur humanité, de leur conscience spirituelle et humaine ;
- comme parent d'humains, je les accompagne dans une quête commune, celle de trouver la paix intérieure et la sérénité.

C'est là un objectif de fond, plus vaste que le quotidien, mais sur lequel j'appuie les actions que je pose à chaque instant. Alors, tant que je prends le temps, à chaque jour, de m'aligner sur cette intention et que je m'engage chaque matin à me conduire en conséquence, je saurai que mon contexte de famille nouvelle m'aura permis de contribuer à l'humain nouveau, le seul espoir d'évolution de l'humanité.

II

Un modèle pour comprendre et transformer les relations

Où sont passées les grandes personnes ?

Nous sommes tous conscients d'avoir un jour rêvé tout haut… de déplacer les montagnes, de traverser l'espace ou de devenir un super-héros. Et ces rêves d'enfants, nous les avons laissés si loin derrière – parfois réalisés, le plus souvent oubliés – happés que nous sommes par un monde d'adultes.

Mais est-ce vraiment le cas ?

N'est-il pas frappant de reconnaître dans les interactions du quotidien, les nôtres et celles autour de nous, de remarquer à quel point nous avons souvent l'impression d'être au sein d'une bande d'enfants ? Comme si ce qui a changé, tout simplement, c'est que ces enfants habitent un corps plus grand, chaque jour plus vieux. Ils ont accumulé plus de biens matériels, plus de connaissances et exercent, par-dessus tout cela, un ou plusieurs rôles au sein d'une communauté ou d'une société. Mais les émotions que nous ressentons, les réactions que nous avons, même les mots que nous utilisons sont comme des miroirs jaillissant directement de notre enfance !

Vous ne me croyez pas ? Observez un peu les querelles de voisins… les débats politiques télévisés… les séances de *bitchage* régulières dans les couloirs d'entreprises ou de clubs divers.

Sous ce nouveau regard, il me semble que cette planète soit habitée de milliards d'habitants dont le pilote automatique a encore les poings fermés sur un crayon de cire ou, pire, un revolver jouet… comme si seuls les enfants avaient décidé de prendre le pouvoir, à l'insu des adultes endormis et au grand désarroi de parents démunis.

L'ironie dans tout cela, c'est que ce qui se passe au-dehors se passe aussi au-dedans…

Se voir plus clairement…

Eric Berne, pionnier et père de l'analyse transactionnelle, observa que chacun d'entre nous présente des émotions, comportements et attitudes qui peuvent – pour les besoins du modèle – se regrouper sous trois parties, trois *personnages* ou archétypes : l'enfant, l'adulte et le parent.

Il s'agit là d'un modèle remarquable, qui allie perspicacité, profondeur et simplicité, et dont l'intention était justement d'aider les humains à mieux se comprendre, comme individus en relation avec d'autres et en relation avec soi.

Par souci de simplicité et par esprit pratique, je m'inspirerai grandement de l'analyse transactionnelle, mais j'intégrerai, au modèle, des concepts de PNL (programmation neurolinguistique) et des modifications, de manière à accentuer l'impact du symbolisme dans le travail sur soi, et pour élaguer quelques notions qui suscitent parfois de la confusion[9].

Les parties de soi, symbolisme et archétypes

Dans mon travail d'accompagnante en coaching de vie, je m'inspire souvent du travail de Virginia Satir qui a été l'une des pionnières de l'utilisation des *parties*, ces états intérieurs qui sont plus ou moins en conscience et qui contribuent à nous garder dans nos blessures passées, dans nos stratégies et croyances souvent limitantes. Non seulement Satir y a eu recours pour le travail sur soi (les parties intérieures), mais les a utilisées de manière systémique, en *jouant avec les parties* à l'intérieur d'un système, la famille dans son cas.

Avant même d'intégrer les concepts d'analyse transactionnelle (AT) dans mon travail, j'avais remarqué que, lors du travail avec la personne, dans le conscient et l'inconscient, il semblait souvent se présenter – à l'intérieur de chaque personne – trois parties :

1. une partie *sage* où la personne est centrée, en lien avec ses ressources dans l'ici maintenant et en position d'observateur d'elle-même. L'Adulte intérieur de l'AT ;

2. une partie *critique*, une sorte de *juge suprême*, une partie sombre souvent à l'origine des comportements d'autopunition, d'autoflagellation ou d'autosabotage. Le Parent intérieur de l'AT ;

3. une partie *enfant*, qui, dans l'imaginaire des clients, se présente souvent sous les traits de l'enfant, la partie plus vulné-

9. *Pour découvrir l'analyse transactionnelle plus en profondeur, un excellent ouvrage d'Ian Stewart et Vann Joines :* Manuel d'analyse transactionnelle. *InterÉditions, 1987 et 2005.*

rable, sensible et créative aussi, qui arrive presque toujours en dernier, l'Enfant intérieur de l'AT. Elle est souvent «intimidée» dans son apparition, comme réprimée, par le Parent intérieur. Ainsi, l'espace créé en distanciant la partie critique laisse généralement assez de place pour l'arrivée de l'Enfant intérieur.

Intuitivement, donc, sans être guidées par l'AT, se présentaient ces mêmes parties. C'est ce qui en fait, je crois, un modèle naturel et simple à intégrer.

Afin d'alléger encore plus, je reprendrai les termes de l'analyse transactionnelle (AT) et les restrictions du modèle, mais je modifierai celui-ci légèrement pour le rendre convivial, facile à utiliser comme grille, un guide du regard et de la compréhension.

Le modèle de la Triade intérieure

1. Alors, que ce soit pour l'AT ou non, la première prémisse est que nous avons **tous** en nous, sans exception, ces trois états.
2. Nous naviguons entre ces trois états (la Triade intérieure) tous les jours, **plusieurs fois par jour**.
3. Bien que les comportements et émotions liées aux différents états soient souvent inconscients, il est toujours possible (et souhaitable) d'en prendre conscience. Une telle prise de conscience, alliée à du travail sur soi, nous permet de reconnaître les patterns qui nous viennent du passé, de les *guérir* et de retrouver enfin l'équilibre, l'accès à nos ressources, la connexion à notre essence.
4. Nous cherchons tous à satisfaire des besoins fondamentaux humains tels que le besoin de reconnaissance, le besoin d'amour, le besoin de structure et le besoin de sens.

¤ IL ÉTAIT UNE FOIS... L'ENFANT INTÉRIEUR

La première partie de la Triade, l'Enfant intérieur, est l'ensemble des émotions, ressentis, systèmes de croyances, comportements et réactions qui nous viennent de notre enfance. Notre Enfant intérieur réagit et se sent exactement comme nous nous sentions enfants.

Quand nous naissons, en fait même, souvent dès notre conception, nous commençons à ressentir notre environnement très proche. Nous apprenons, minute par minute, à vivre dans ce monde.

Chaque interaction, chaque événement, chaque situation est vécu intensément par l'enfant et emmagasiné dans la mémoire du corps, dans les émotions et les ressentis.

Rappelons-nous que nous venons au monde tout à fait démunis, et sommes pris en charge par notre mère (ou un adulte qui nous materne), puis peut-être par nos parents, ou encore par des adultes ou grandes personnes qui nous protégeront, qui assureront notre survie et qui nous aideront à découvrir cette planète étrangère.

Or, un enfant pense très différemment d'un adulte – cela aussi nous l'oublions en grandissant. Nous nous sommes donc mis à observer, avec notre logique d'enfant, le monde qui nous entourait. Et, toujours dans notre cerveau d'enfant, nous avons tiré des conclusions: nous avons bâti des croyances, des systèmes de croyances. Dès la très petite enfance, nous avons commencé à écrire notre histoire, notre scénario, selon notre angle bien à nous.

Et ce scénario, notre enfant continue de le vivre et de le valider à l'âge adulte tant que nous n'en prenons pas conscience.

¤ UN SCÉNARIO PARMI TANT D'AUTRES D'UNE ENFANT QUI CONTINUE DE LE REVIVRE À L'ÂGE ADULTE

Imaginons, par exemple, le scénario suivant.

À la naissance, l'enfant est séparée de sa mère dès son arrivée et placée en incubateur. Déjà bouleversée par la violence de l'accouchement, non seulement cette petite vient de perdre le confort douillet et silencieux du ventre de la mère mais elle ne la sent plus. Elle ne ressent que peur et abandon. En elle s'imprime déjà la peur de perdre la mère et la souffrance de l'abandon.

Lorsqu'on la retourne à sa mère, elle retrouve une partie de ce lien, mais l'enfant porte déjà en elle une peur à rassurer.

À peine une année plus tard, sa maman la quitte de nouveau pour aller donner naissance à un petit frère. En son for intérieur, l'enfant confirme sa croyance que sa mère peut disparaître à tout moment, ce qui est renforcé du fait de son sentiment d'abandon et de la peur de perdre sa mère.

Lorsque la mère revient, l'enfant s'y accroche pour se rassurer sur le retour du lien avec elle. À cet âge, le message est vécu grandement dans les ressentis. La petite demande donc de l'attention et de la reconnaissance physique.

Supposons maintenant que sa mère soit une femme perfectionniste, extrêmement patiente mais peu tactile ou kinesthésique. Si elle est au beau milieu d'une tâche, peut-être à allaiter le nouveau bébé, elle donnera priorité à compléter la tâche et sourira à l'enfant en lui disant patiemment: «Plus tard, ma chérie».

Du point de vue de la maman, elle aura rencontré le besoin – selon le sens qu'elle aura donné à la demande. Mais de son côté, l'enfant ne comprendra que le message de fond, à savoir que sa maman ne répond pas à sa demande d'attention, qui exprime un besoin plus profond d'être rassurée sur son lien avec sa maman.

L'empreinte d'abandon et de rejet qui est déjà en place, liée à la peur de perdre la maman, s'imprime encore plus profondément.

Comme elle en est à explorer le monde, l'enfant changera sa stratégie et en essaiera une autre, puis une autre, jusqu'à ce qu'elle en trouve une qui fonctionne.

Revenons à notre petite de tantôt. Dans son monde à elle, elle aura peut-être testé la stratégie *désobéir*. L'enfant qui brise un vase peut découvrir, par exemple, que cela lui obtient l'attention immédiate de sa maman. À ce stade, elle testera de nouveau le comportement et la réaction. Si la maman la reconnaît à chaque fois (même une reconnaissance négative est une forme de reconnaissance), cela confirmera à l'enfant qu'il y a là une stratégie qui marche.

Dans un tel cas, l'histoire en *mots d'adultes* pourrait commencer à ressembler à: «Si je suis gentille, ma maman ne s'occupe pas de moi, mais si je brise quelque chose, elle s'occupe de moi. Donc, si je veux que maman s'occupe de moi, je dois désobéir ou briser des choses.»

Mais nous mentionnions que sa maman était infiniment patiente. Briser quelque chose n'aura pas d'impact sur le niveau d'attention que lui porte sa mère.

N'arrivant pas à obtenir l'attention de sa maman (pour combler son besoin), ni par l'obéissance ni par la désobéissance, l'enfant constate qu'aucune de ses propres actions n'amène sa mère à combler son besoin. Si, comme pour beaucoup d'humains, ce besoin est la reconnaissance ou l'amour, il est possible que l'enfant décide en son for intérieur que sa maman ne veut juste pas l'aimer.

Elle construira donc sa croyance comme suit (je traduis en mots d'adultes): «Peu importe que je sois gentille ou méchante, quand je demande à maman de m'aimer, ça ne marche pas. Donc, peu importe ce que je fais, je n'obtiens aucun résultat. Ça ne sert donc à rien d'exprimer mes besoins ou de lui demander de les combler.»

Son scénario deviendra alors: «Je vais m'arranger toute seule, je n'ai besoin de personne.»

Et cette croyance, elle la revivra et la renforcera toutes les fois que l'occasion le permettra, en ne voyant que ce qui vient la confirmer. Elle devient *aveugle et insensible* aux marques d'affection qui pourraient être clairement perçues de l'extérieur ou du point de vue de la maman.

Ce n'est là qu'un exemple parmi tant d'autres, mais je crois que vous pouvez voir un peu de quoi il retourne.

Nous avons construit notre histoire, notre scénario de vie. Ce sont des croyances que nous avons élaborées et prouvées par la suite, et que nous continuons à prouver à l'âge adulte. Elles donnent le ton à notre façon de percevoir nos expériences et d'entrer en relation. C'est notre Enfant intérieur qui s'assure que nous répétions encore et encore l'histoire que nous avons écrite lorsque nous étions tout-petits.

En résumé, l'Enfant intérieur est l'ensemble des émotions que nous ressentons adultes qui sont *plus fortes que nous,* généralement dérangeantes et pas nécessairement appropriées au moment (réactions exagérées, impulsions, crises ou autres). Ces émotions prennent racine (ont des élastiques) aux émotions / ressentis que nous avons vécus quand nous étions enfants.

L'Enfant intérieur est le gardien de notre *histoire.*

¤ L'ENFANT INTÉRIEUR AUX MILLE VISAGES

Nous retrouvons, dans plusieurs approches et sous différentes formes, l'archétype de l'Enfant. Ces archétypes peuvent nous aider à reconnaître le profil général de notre propre Enfant intérieur. N'oublions pas toutefois qu'en bout de ligne il n'est nul autre que notre moi, nos ressentis, nos émotions, nos croyances quand nous étions nous-mêmes petits. Par conséquent, pour chacun, l'Enfant intérieur est unique et peut présenter de multiples facettes.

Plusieurs parmi mes clients ont découvert en eux un enfant triste, apeuré ou blessé. Ils se sont reconnus dans les archétypes de l'orphelin, de l'enfant blessé, de la victime – parfois même du bourreau, ce côté qui agresse par peur et pour se défendre.

Tant que la guérison ne s'est pas effectuée, puis conscientisée, l'enfant blessé est le gardien des peurs, des besoins inassouvis, des désirs obsessionnels, parfois même des troubles physiques ou même des patterns relationnels récurrents.

L'enfant s'est construit sur un besoin fondamental de reconnaissance et d'amour qui n'a pu être comblé, et il tient solidement l'histoire que nous vivons et revivons quand nous devenons adultes.

¤ L'IMMENSE POUVOIR DE L'ENFANT INTÉRIEUR

Il est souvent troublant de prendre conscience de la présence de notre Enfant intérieur dans nos réactions et notre quotidien. Il arrive fréquemment que nous réagissions à cette découverte en voulant le renier, l'occulter, le réprimer – bref, nous en défaire.

Je crois qu'il est essentiel, au contraire, de l'accueillir avec tendresse. Bien sûr, notre enfant blessé est à l'origine de nos patterns, de nos obsessions, de nos dépendances affectives ou de nos manières plus ou moins appropriées d'entrer en relation. Toutefois, c'est sur cette blessure, par le biais de notre Enfant intérieur, que nous nous construisons. Alors qu'il définit notre vulnérabilité, il est aussi le gardien de nos forces – celles qu'il met en place pour combler ces besoins qu'il a perçus il y a longtemps. En y regardant bien, l'Enfant intérieur est aussi à l'origine de la résilience, de l'autonomie, de la rébellion. C'est en réagissant à la carence – « Je peux m'arranger toute seule ! » ou « Je vais leur montrer, moi ! » ou « Je n'ai besoin de personne!» – que l'Enfant intérieur nous permet d'acquérir des forces qui nous sont propres.

Finalement, en reconnaissant et en parrainant l'Enfant intérieur, nous pouvons enfin prendre conscience de sa très grande capacité à *filtrer* ce qui est là. Alors que cette partie de moi s'acharne depuis de longues années à *prouver* que personne ne m'aime et fait tout en son pouvoir pour obtenir cet amour – voilà qu'en décelant sa présence, je peux commencer à percevoir d'un autre angle les marques d'affection ou de reconnaissance qui me viennent de l'extérieur. Et à les accueillir. C'est le début de la guérison.

¤ LA PARTIE CRITIQUE, LE JUGE, LE PARENT GRONDEUR

On peut le voir arriver, celui-là. Dans la représentation imaginaire chez mes clients, il est souvent vêtu de noir, l'index accusateur et la voix grondeuse. Il est le gardien des règles, des jugements, des préjugés, des *il faut* et des *je dois*. Il peut prendre des airs de sorcière, de vilaine belle-mère des contes de fées, ou encore rappeler les traits de personnes déjà rencontrées durant l'enfance – parents sévères ou adultes exigeants. Plusieurs de mes clients le perçoivent comme une marâtre vêtue de noir, et l'identifie souvent comme une *directrice d'école*.

L'analyse transactionnelle l'appelle le Parent critique ou grondeur. Selon les cas, certains lui préféreront le juge ou juge suprême. Ses racines se situent également dans le passé.

> Le **Parent-juge** est l'ensemble des comportements, énoncés, règles que nous avons, enfants, observés chez les adultes significatifs de notre vie. Dans un sens, ces comportements, bien qu'intérieurs, sont *extérieurs à nous*, ils ne nous appartiennent pas. C'est le gardien du *grand livre des lois*.

Ce *grand livre des lois* est rempli de lois qui, lorsqu'elles sont amenées en conscience, peuvent parfois même sembler extrêmes ou absurdes, mais selon lesquelles vit néanmoins l'adulte torturé par les reproches de cette partie sombre.

Comme l'enfant blessé, le juge est également une partie dans l'ombre – il sera essentiel de prendre une position témoin, avec compassion, pour observer ce qui est là et l'accueillir.

Cette partie, une fois amenée en conscience et libérée des interférences, laissera jaillir les comportements de parent bienveillant, de leader, de maître et de gardien. Pour soi-même et pour les autres. Nous reprendrons ces archétypes un peu plus tard.

¤ L'ADULTE INTÉRIEUR – LA PARTIE CENTRÉE, LE SAGE, L'ESSENCE

L'Adulte intérieur est un état dans lequel nous sommes en pleine possession de nos ressources. Celles-ci incluent notre expérience, notre savoir, nos forces, notre créativité et autres ressources. C'est comme une force tranquille, fluide et forte à la fois. On peut la comparer à l'état de force douce des arts martiaux, comme le tai chi ou l'aïkido. On y retrouve la présence au corps, la paix de l'esprit, la vigilance, le focus et la clarté de pensée.

Dans cet état centré, la personne est ici maintenant. Elle agit et réagit de **manière appropriée** aux situations qui se présentent à elle.

Elle n'est ni soumission ni contrôle. C'est l'art de l'action juste. On sait, au fond de soi, ce qu'il est bon de dire ou de faire. C'est tout.

La partie centrée est gardienne de nos mentors intérieurs : le Parent aimant, le Leader bienveillant, le Gardien, le Maître, le Sage, le Guide. Intégrée, elle devient le Magicien.

Nous sommes alors dans notre essence. Le seul espace qui nous permette de bien assumer notre rôle de parent éveilleur.

Quand le Parent intérieur se prend pour l'Adulte !

L'un des principaux angles morts dans la Triade[10] intérieure se retrouve souvent lorsque le Parent-juge s'approprie l'autorité de l'ensemble de la personnalité. Autrement dit, il se prend pour l'Adulte !

Quand une personne est sous l'emprise de son Parent intérieur, il est facile de reconnaître ce dernier. La personne affiche une attitude rigide, physiquement et dans ses énoncés. Elle tient dans ses mains un livre de règlements et s'assure qu'ils soient respectés à la lettre !

Dans la relation, elle juge, critique, prend en charge, décide pour l'autre, s'impatiente, se met en colère, confronte.

---

10. Triade intérieure : le système composé de l'Enfant, du Parent/Juge et de l'Adulte intérieurs.

Comme je le mentionnais plus tôt, personne n'est toujours dans un état ou l'autre. Mais la présence de l'état Parent-juge envenime intensément la relation.

Retourné vers soi, le Parent-juge provoquera chez la personne beaucoup de culpabilité, d'autopunition, de honte, d'autoflagellation, d'autocritique. Le Parent-juge intérieur a un effet catastrophique sur l'estime de soi. Alors que les personnes dans leur état Enfant intérieur arrivent à reconnaître l'Enfant même lorsqu'elles y sont, la personne dans le Parent intérieur le confond souvent pour l'Adulte.

Comme la cécité est quasi complète, il y aura avantage à percevoir la présence du Parent-juge autrement que par l'analyse.

C'est pourquoi l'écoute de ses émotions, de ses ressentis est si importante.

Chez l'autre, il sera plus facile de reconnaître le Parent-juge, puisqu'on y réagit tous. En relation avec quelqu'un qui tombe dans son état Parent-juge, je pourrai observer le doigt levé, la main qui frappe l'autre main perpendiculairement, comme un couteau, le poing qui se lève, le ton autoritaire, la lèvre supérieure serrée, la tension dans le cou et dans le ton. Je reconnaîtrai les jugements, les préjugés, le contrôle ou la surprotection.

Un autre angle des comportements du Parent-juge intérieur peut aussi prendre la forme du sauveur, de la personne surprotectrice : nous reconnaissons la prise en charge, le contrôle.

Il est fort probable que j'observe chez moi un retour automatique à des émotions liées à mon Enfant. Le Parent appelle l'Enfant. Si je ne suis pas vigilante, une personne en face de moi qui utilise des comportements du Parent-juge m'entraînera en réaction dans l'Enfant.

Mais dans la Triade intérieure, le jeu est plus pernicieux.

Ce que je trouve le plus aidant, c'est d'être consciente de mes ressentis. Si je me sens déstabilisée ou décentrée (autrement dit, je me sens *toute croche*), c'est que je viens de tomber dans les élastiques à l'*Enfant intérieur*. Si je fais une pause et observe ce qui a déclenché ce changement, il y a de fortes chances que je retrouve, pas très loin derrière, le doigt pointé vers le haut du Parent-juge intérieur.

L'art de se recentrer

Comment faire pour retrouver l'Adulte? Il faut savoir se recentrer.

J'avais récemment une cliente dans mon bureau qui tentait sans succès de se recentrer. Il était évident qu'elle était dans une situation où le Parent-juge avait pris la responsabilité d'être l'Adulte. On pouvait presque l'entendre dire: «Mais recentre-toi, voyons! Tu sais comment... qu'as-tu à te décentrer?»

Se recentrer ne devrait jamais être ressenti comme une *violence* ou un *effort de volonté* – ce sont là des signes du Parent-juge. Partons avec la prémisse que l'état centré est l'état naturel de l'humain.

Il ne s'agit pas pour nous de nous forcer à retrouver notre centre, mais plutôt d'identifier et de reconnaître ce qui nous empêche de percevoir ce qui est déjà là.

Par conséquent, plutôt que de faire un effort de volonté, nous devons lâcher prise. Nous nous laissons aller à notre centre, à notre équilibre, à notre détente. L'esprit se calme, nous retrouvons l'espace à l'intérieur de nous, les muscles se relâchent.

Comment utiliser le modèle de la Triade intérieure

Je vous ai mentionné précédemment que j'aime ce modèle pour sa simplicité. Peut-être qu'à ce point-ci, il vous apparaît plutôt complexe. C'est que je vous l'ai expliqué en détail. Je crois vraiment que c'est à l'usage que nous développons le réflexe de l'observation, ce qui nous aide à reprendre notre pouvoir dans la relation et notre responsabilité.

J'aimerais toutefois vous mettre en garde contre certains écueils:

- Le modèle, comme tout modèle, est une grille nous permettant de structurer l'observation. Elle nous sert à organiser nos observations et à en tirer un sens.
- Nous utilisons TOUS, plusieurs fois par jour, les TROIS ÉTATS. Il n'y a donc personne qui soit uniquement *enfant*, *juge* ou *adulte*. Nous alternons entre ces états de manière automatique. C'est à nous de prendre conscience de *quand* ça nous arrive et de choisir la réaction appropriée.
- Cette grille est particulièrement utile dans la compréhension de SOI. Il est tout à fait inutile – parfois même toxique – de s'en servir pour *juger* ou *étiqueter* l'autre. Par exemple, en supposant que l'envie vous prenne de dire: «Tu es dans ton enfant!» Ouvrez doublement les yeux... Reconnaissez-vous votre propre *Parent-juge*?
- Cette grille sera utile en relation pour reconnaître *qui est là*. En reconnaissant notre propre réaction, si elle est décentrée, nous pouvons assumer qu'il y a une résonance, donc une relation où sont présents plus que les Adultes intérieurs.

- Reconnaître *qui est là* ouvre à la compassion et nous propulse dans notre centre (ou, du moins, nous y met les pieds...). Cette prise de conscience permet de nous réaligner sur nos valeurs et notre intention.

- Être centré NE veut PAS dire *faire le tapis*. C'est une objection courante, quoique tout à fait erronée. Au contraire, la clarté d'esprit, la force intérieure, la vigilance et la compassion qui sont présents quand nous sommes centrés, permettent d'agir de manière beaucoup plus appropriée, tout en conservant notre sérénité.

Dans la prochaine partie, nous saupoudrerons notre réflexion en référant régulièrement à la Triade intérieure. Cela nous permettra de développer le réflexe de reconnaître les dérapages, les élastiques, les symptômes de l'arrivée de l'Enfant, de la présence du Parent-juge et, bien sûr, de retourner aussi souvent que possible à l'Adulte.

– Sommaire –

Grille de la Triade intérieure

L'ENFANT INTÉRIEUR

Caractéristiques	Description
Passé	Émotions liées au passé par des *élastiques.*
Comment en reconnaître la présence	Surtout des ressentis – des émotions – habituellement inconfortables. La personne réfère souvent à un malaise intérieur ou dit: « C'est plus fort que moi. »
Effets	Souvent responsable de *patterns* récurrents dans les interactions de la personne et dans ses réactions.
Émotions les plus fréquentes	La colère, la peur, la tristesse, l'impuissance, la culpabilité, la honte.
Certains comportements souvent associés à cet état	• La personne utilise des stratégies pour manipuler plutôt que communiquer. • La personne se plaint beaucoup, se pose en victime. • La personne se déresponsabilise, rejette la faute sur l'autre ou les autres. • La personne tend à se justifier. • La personne réagit par la soumission, baisse la tête et les bras. • Ou encore la personne se rebelle, fait une colère, s'enrage, brise des objets, s'emporte.

LE PARENT-JUGE INTÉRIEUR

Caractéristiques	Description
Passé	Le *juge* arrive souvent sous la forme du saboteur, du punisseur.
Comment en reconnaître la présence	Par les comportements, incluant le ton de voix. L'utilisation du *doigt grondeur universel* (l'index vers le haut, accusateur). Le bras levé, le poing levé, en sont des variantes. Les contenus aussi (*il faut*, *ça ne se fait pas*, les généralisations, le racisme, les préjugés prennent presque toujours racine dans cette partie).
Effets	Le *Parent-juge* **appelle** l'Enfant, tant dans la relation à soi que dans la relation à l'autre.
Émotions les plus fréquentes	Le *Parent-juge* ne ressent pas. Mais son arrivée engendre chez l'Enfant intérieur des émotions pouvant varier de la culpabilité à la honte, à la faible estime de soi.
Certains comportements souvent associés à cet état	• Critiques exagérées. • Racisme ou toute autre forme de répression. • Attitude de supériorité. • Désir de contrôler autrui ou de le changer. • Ingérence.

L'ADULTE INTÉRIEUR

L'ÉTAT CENTRÉ - PLEINES RESSOURCES
Dans cet état centré, la personne est ici maintenant. Elle agit et réagit de **manière appropriée** aux situations qui se présentent à elle.

III

Le voyage de transformation et de découverte du parent éveilleur : s'accomplir comme parent

« Éclairer la voie grâce aux mentors intérieurs. Celui qui regarde au-dehors rêve; celui qui tourne son regard vers l'intérieur s'éveille. »

Carl Jung

La présente partie de cet ouvrage vise deux grands objectifs:

- Apprendre à observer ce qui se passe à l'intérieur de soi: en relation, particulièrement à l'aide du modèle de la Triade intérieure – Enfant / Parent-juge /Adulte. Cela dans le but de reprendre notre propre pouvoir intérieur, notre propre responsabilité de notre état interne, de notre apport dans la relation.
- Développer en soi les qualités essentielles au parent accompli, et ce, en s'inspirant des grands archétypes humains:

  1. le Parent aimant;

  2. le Gardien;

3. le Guide;
4. le Leader bienveillant;
5. le Maître;
6. le Sage;
7. le Magicien – le parent éveilleur.

Ces archétypes sont des qualités transmises depuis la nuit des temps, de génération en génération, et ont grandi avec l'humanité. Grâce à eux, nous explorerons les sept facettes, comme un parcours vers notre phare, notre cible: être un parent accompli, un humain complet.

Nous entreprenons un parcours de héros et, pour réussir, nous l'abordons avec l'esprit de l'éveilleur. Être éveilleur, c'est une attitude, une ouverture et une intention. Nous nous ouvrons à accueillir et à nourrir les potentiels, les futurs possibles, pour nous-mêmes et nos enfants. Devenir éveilleur, c'est percevoir, intuitivement peut-être, l'ampleur de la magnificence de l'être qui s'épanouit petit à petit devant nous.

Notre parcours sera un voyage de découverte; découverte des énergies intrinsèques des archétypes. La force des archétypes est de faire appel à des notions transmises depuis des siècles, par le biais des légendes, réflexions et autres écrits, mais aussi inscrites dans la conscience collective. Les archétypes ont la qualité d'être universels. Ils ont une énergie bien particulière qui permet d'éveiller chez la personne l'inspiration de l'archétype.

Nous pouvons nous servir des archétypes comme *mentors internes*. En imaginant en nous la présence du mentor, de l'archétype, en élevant notre conscience jusqu'à ce nous sentions cette connexion, nous éveillons la mémoire cellulaire qui nous habite, nous réactivons notre lien à la conscience collective et nous sommes en mesure d'appliquer les attitudes du mentor interne.

C'est en nous positionnant comme éveilleur – humblement face à l'autre et à soi – que nous nous ouvrons à accueillir avec compassion la possibilité qu'en nous se développent et vibrent les grandes qualités qui feront de nous un être meilleur, accompli.

Les sections qui suivent se déclineront chacune sous le thème d'un mentor, dont nous rappellerons d'abord les grands traits. Puis seront présentés une ou des situations pour lesquelles ce mentor peut être particulièrement aidant dans la résolution et la poursuite de notre intention. Nous verrons ensuite une réflexion, une méthode ou encore un outil, qui permet d'appliquer et de cultiver les attitudes du mentor dans le quotidien. Finalement, chaque section se terminera sur une réflexion portant sur le mentor dans le contexte de la famille reconstituée.

1. Le Parent aimant

Le Parent aimant se retrouve aussi souvent dans les légendes et le symbolisme sous la forme de la mère aimante ou nourricière. C'est l'énergie féminine, le yin, l'énergie du nourricier, la patience, l'amour inconditionnel.

C'est aussi la compassion dans toute sa grandeur. De l'amour tendresse qui désire que tous les humains trouvent le bonheur et la sérénité, à la compassion qui motive à se consacrer à ce que tous ceux qui souffrent retrouvent la paix, la santé et le bien-être.

C'est le gardien de l'altruisme, de l'amour, de la tendresse.

Rappelons-nous la merveilleuse *rêverie maternante* de Marie de Hennezel dans la section *Quand on oublie d'aimer.*

Je vous invite à prendre du temps, en silence, pour vivre à fond cet état de veille, centré, en accueil, et profondément empreint d'amour et de sérénité, conscient de la relation et de l'espace sacré. Plus on le pratique régulièrement et plus il est facile de s'y replonger à volonté. Et, du coup, on s'ouvre :

- à accueillir l'autre ;
- à l'écouter à plusieurs niveaux – dans le dit et le non-dit ;
- à ralentir nos réactions en taisant nos jugements ;
- à être présent au moment et à l'autre ;
- à mettre en veilleuse les élastiques / liens / émotions et réactions enracinées dans une autre période de temps (passé ou futur) que le moment présent.

Savoir écouter et accueillir!

Quand je portais mon premier bébé, je me voyais déjà offrant à mes enfants un espace où ils seraient en mesure d'exprimer leurs émotions, leurs besoins, dans un échange nourrissant et rempli de sagesse. Cause toujours mon lapin!

L'idée est louable, même souhaitable, mais encore faut-il avoir soi-même les compétences affectives, relationnelles et émotionnelles nécessaires pour le faire. L'enfant n'apprend pas tant de ce que nous lui disons que de modéliser notre manière d'être et d'agir!

Je me suis donc aperçue assez rapidement que, malgré toute la bonne volonté du monde, mon aîné, dès l'âge de trois ou quatre ans, craignait déjà mes réactions à l'avance. Par conséquent, il évitait de me dire ce qu'il éprouvait vraiment, surtout si c'était de la colère ou de la tristesse. Il était (et est toujours) très sensible à mes micro-indices. Je n'avais pas besoin de m'emporter. Un pincement de lèvre, un regard interrogateur, une tension au cou – sa grande peur de me déranger lui donnait une vision bionique devant mes réactions.

Après quelques mois où, malgré mes encouragements, je sentais profondément qu'il gardait tout *en dedans* alors que, paradoxalement, je sentais aussi qu'il aurait eu envie de partager ce trop plein, j'ai commencé à observer notre relation un peu plus attentivement.

À mon grand étonnement, j'ai réalisé que, même si je croyais consciemment contrôler mes réactions et mes émotions pour lui permettre de s'exprimer, ce qu'il détectait le plus clairement, c'était ce qui se produisait dans le non-verbal. J'avais beau tenter de réprimer ma réaction immédiate à ce qu'il me disait (peur, culpabilité, inquiétude, impatience, colère ou autre) et j'avais beau me maîtriser et donner extérieurement une apparence de calme, il vibrait et répondait à mon état interne, et non pas à mes mots ou à mes actions.

L'énergie du non-verbal étant contradictoire aux actions et au message énoncé, la contradiction l'amenait à croire au non-dit plus profondément qu'aux mots.

Vos enfants savent quand vous mentez!

Ce n'est pas ce que vous DITES, mais ce qui est dans le non-verbal (ce que vous ressentez VRAIMENT) qui est perçu par l'autre!

Mais alors, est-il possible de créer un espace où l'enfant se sente non seulement écouté, mais accueilli et non jugé? Bien sûr, en l'écoutant de tout notre cœur, de tout notre corps et de tout notre esprit, en l'accueillant et en ne le jugeant pas! Évidemment, nous savons déjà tout ça!

«D'accord, me direz-vous, c'est bien beau en théorie, mais en pratique, ne nous leurrons pas – je ne suis pas toujours capable de faire ça! Surtout dans le feu de l'action. Si l'enfant me dit qu'il vient de briser mon plus beau vase antique ou de faire pipi au lit, ma réaction est immédiate. J'entre en action pour réparer, consoler, réprimander ou autre – le point ici est que j'entre en action immédiatement!»

Et, comme pour plusieurs, coincés dans les tourbillons quotidiens, il y a bien peu de temps pour l'introspection ou la réflexion, le focus étant plutôt sur le *bien-faire* que sur l'être!

«Et, me direz-vous, franchement, avec toutes les activités, ai-je vraiment du temps pour moi?»

¤ DÉCODER LA TRIADE INTÉRIEURE

Première condition: allumer la lumière! En effet, je dois assumer, croire de toutes mes fibres, que je suis partiellement aveugle et sourde à ce qui est là! Je m'assure donc d'ouvrir les yeux et les oreilles...

Je peux constater que mes réactions, mes états intérieurs, sont **automatiques, plus forts que moi**. *Premier indice d'élastiques à l'Enfant intérieur.*

Je me sens coupable de l'avoir réprimandé, (observons le **Parent intérieur** qui me reproche d'avoir manqué à ma perception du *parfait petit parent*). Je réagis en me justifiant à moi-même: «Ai-je du temps pour moi? Ce n'est pas juste.» *Autre indice d'élastiques à l'Enfant intérieur.*

Je pourrais probablement trouver des élastiques qui s'étendraient sur des années entières. Par ailleurs, je sais maintenant que, lorsque je me sens comme ça, je suis dans l'Enfant intérieur. Donc, je ne suis PAS centrée. C'est ce constat qui est important.

— *Autres formes d'élastiques*

Les élastiques déclenchent des stratégies précises propres à chacun et directement liées aux expériences de l'enfance. Pour moi, elles prennent une certaine forme, pour d'autres, elles seront différentes. En voici quelques exemples:

- Si un des enfants fait quelque chose qui me fâche, je n'ai aucun contrôle, je punis tout de suite et me mets en colère.
- Si les enfants de ma conjointe viennent me demander ou me dire quelque chose, je leur dis d'aller voir leur mère. Je ne peux pas supporter leur conduite!

- Si les enfants n'ont pas un beau bulletin, je m'emporte et je gronde. À la fin, je trouve que toutes leurs excuses ne servent à rien!

Comme nous le mentionnions, les élastiques sont liés directement avec votre passé, quand vous étiez enfant. Et vos réactions, lorsque vous n'êtes pas centré, sont probablement empruntées directement de la panoplie de votre Parent-juge intérieur.

Observez-vous dans ces moments (ou avec du recul), et prenez le temps de méditer sur vos constatations.

¤ LES ANTIDOTES

— *Première étape: me centrer*

Comme pour le golf, ou tout autre sport, des arts martiaux au saut en chute libre, je dois m'entraîner. Et, idéalement, pas en situation de compétition! Autrement dit, je pratique ma frappe ou mon saut dans des conditions idéales de pratique.

Apprendre à se centrer, c'est la même chose. On le fait régulièrement, dans le calme et le silence, même si c'est en se levant trente minutes plus tôt le matin et en s'enfermant dans la salle de bain ou en restant allongé dans son lit, ou en allant faire une marche avant que la maisonnée se lève. Quand on veut on peut. Rappelons-nous aussi que se centrer ne demande pas un effort de volonté.

— *Technique pour me centrer*

- Interrompre ce que je fais.
- Prendre une grande respiration. M'imaginer que l'inspiration entre dans tout mon corps: poumons, corps, muscles, système sanguin, cerveau, esprit, mental. Avec l'expiration, je dégage toute tension, toutes les idées toxiques.

- J'envoie ma conscience dans la plante de mes pieds... je sens mon corps se détendre, reprendre vie.
- Je prends conscience que la clarté revient à mon esprit.
- Je prends tout le temps qu'il faut pour me retrouver dans ma partie sage, dans mon *cœur maternant*.

¤ ZONE NEUTRE, MAMAN?

Maintenant que vous êtes revenu à vous-même, centré, voici une application ludique, un *format* qui permet à l'enfant (et au parent) de créer un espace pour l'écoute et l'accueil.

Il fonctionne de la pré-maternelle à l'âge adulte. Nous l'avons utilisé à toutes les sauces avec beaucoup de succès.

— *Description et instructions*

Nous avons pris l'idée dans les épisodes de *Star Trek.* Mais si vous n'êtes pas amateur de science-fiction, il se fonde sur le même principe que les *eaux internationales*, cet espace *politiquement neutre* des océans.

Dans *Star Trek*, la Zone neutre est intergalactique: c'est une zone où les vaisseaux interplanétaires peuvent se rendre pour permettre des rencontres entre les différentes espèces. Si les Klingons et les Vulcains sont en guerre, par exemple, la rencontre en Zone neutre implique qu'ils peuvent s'y parler, mais ils n'ont pas le droit d'entrer en conflit ou de s'attaquer.

En d'autres mots, **on suspend le temps**. On suspend toutes nos opinions, nos jugements, nos réactions, même À L'INTÉRIEUR DE NOUS, pendant qu'on écoute la personne qui a demandé Zone neutre. Comment ça marche?

— *Instructions pour la Zone neutre*

1. La personne A, qui veut faire une demande, partager quelque chose, poser une question ou toute autre forme de communication, demande Zone neutre à la personne B.

2. La personne B, à qui on a demandé Zone neutre, se prépare. Cela veut dire qu'elle doit :

   - vérifier si elle est prête à respecter les conditions de Zone neutre (donc zéro réaction faciale, verbale, gestuelle ou autre, zéro jugement, zéro mot, zéro mouvement, zéro réaction INTÉRIEURE... tout est au NEUTRE) ;
   - s'assurer qu'elle est centrée et qu'elle a fait la paix de l'esprit ;
   - s'assurer de donner 100% de son attention à la personne A durant TOUTE la présentation de celle-ci ;
   - donner tout le temps nécessaire à la personne A.

Lorsque B est prête à démarrer la Zone neutre, elle le dit à A.

3. La personne A prend la parole. Elle est MAÎTRE de l'espace. Elle peut parler aussi longtemps ou aussi peu qu'elle le désire. Elle peut juste rester en silence ou demander un câlin. La seule émotion autorisée (du côté de la personne B) durant l'échange est l'Amour – avec un grand A.

4. Quand la personne A estime avoir terminé son exposé, elle le dit à B. Si B a des questions, elle demande d'abord à A si elle peut poser des questions ou si elle a terminé. Les seules questions permises à cette étape-ci sont des questions d'éclaircissement. Exemple : « Je n'ai pas compris, pourrais-tu s'il te plaît m'expliquer ce que ça veut dire ? »

Quand la communication est complétée (B peut demander à A si elle considère avoir communiqué de manière satisfaisante pour elle, ce qu'elle avait à communiquer), B a maintenant l'autorisation de réagir. Mais comme nous sommes dans la Zone neutre – et, vous aurez deviné, dans l'Adulte intérieur – de part et d'autre, la réaction sera appropriée au message et à la situation.

Je me suis souvent surprise, en me trouvant dans l'état nécessaire à la réussite de la «Zone neutre» à demander à l'enfant: «Si tu étais parent, dans cette circonstance..., quelle serait ta suggestion?» Ça fait vingt ans que j'utilise cette méthode et je suis toujours étonnée de la sagesse de leur réponse.

L'échange pourra se poursuivre ouvertement, à condition de demeurer dans cet espace centré en tout moment. La vigilance est primordiale.

Cet outil de parentage est puissant dans la mesure où je m'engage à respecter les règles suivantes:

- ne jamais briser une promesse ou annuler une décision prise en Zone neutre. Jamais, jamais! C'est une question de confiance profonde et inaltérable;
- ne jamais utiliser la Zone neutre pour faire des reproches, des critiques ou autres réactions déstabilisantes;
- ne jamais répéter à un tiers ce qui a été transmis en Zone neutre;
- ne jamais référer à de l'information dévoilée en Zone neutre, même avec la personne qui nous l'a dévoilée;
- ne jamais accepter une Zone neutre si je ne me suis pas centré ou si je me sens décentré. Lorsque l'enfant demande Zone

neutre, il y a habituellement urgence. D'où l'importance d'apprendre à retrouver rapidement un état de centration et de paix intérieure.

La Zone neutre est un espace particulièrement propice à négocier, pour trouver des solutions, se rassurer et se confier. C'est l'art d'apprendre à communiquer nos vrais besoins, le fond de notre pensée, tout en étant accueillis, parrainés, écoutés, dans l'amour et dans le non-jugement.

L'enfant et le parent y apprennent comment entrer en relation d'**Adulte intérieur** à **Adulte intérieur**, de manière ouverte et centrée, délestée des peurs et des malentendus.

À lui seul, cet espace est l'un des meilleurs outils relationnels que je connaisse. Il permet une centration physique, émotive et relationnelle et il allie la sagesse de l'Adulte intérieur à la bienveillance du Parent aimant et à la créativité de l'Enfant magique. Et il peut se servir à presque toutes les sauces.

En esprit, il s'apparente très fortement à l'écoute taoïste ou au bâton de parole de certaines tribus des Premières Nations. Il est d'une grande valeur humaine dans la relation.

Nous l'avons utilisé avec succès, particulièrement pour les *gros problèmes*, variant des angoisses de présentation orale, aux changements de programmes collégiaux, aux réflexions suicidaires, aux peines d'amour ou même aux situations extrêmes causées par des colères mal gérées. Les enfants peuvent les enseigner et s'en servir pour ouvrir des espaces de communication avec leurs autres parents, au besoin, lorsqu'ils craignent des réactions ou se sentent coupables.

Il arrive encore parfois que mes enfants, maintenant dans la vingtaine, amorcent une conversation en me disant: «Zone neutre, maman?»... Je les adore!

Le Parent aimant dans la famille reconstituée...

Dans un contexte où nous faisons face à la fusion de deux familles, l'énergie du Parent aimant permettra d'établir la relation au-delà de la relation. En s'ouvrant à cette position d'amour inconditionnel sans attentes, nous nous retrouvons dans l'ici maintenant.

Le Parent aimant nous permet de reconnaître les interférences liées aux rancunes, aux colères ou aux blessures des relations précédentes et nous aide à pardonner. Pardonner, c'est entrer dans le cœur, et sortir de la tête. Nous ne restons dans nos émotions négatives que dans la mesure où nous donnons du poids aux histoires que nous décrit notre narrateur intérieur.

Dans un espace d'écoute absolue et aimante, dans la Zone neutre, nous pourrons établir une relation de confiance avec les enfants de l'autre, ainsi qu'avec notre nouveau conjoint. Nous pouvons cheminer ensemble vers un nouveau niveau de partage et de communication bienveillante et bénéfique.

2. Le Gardien

En mythologie, le Gardien se retrouve tout au long du parcours du héros. Depuis le premier moment où il l'aide à traverser le seuil de la forêt magique, celle où il va rencontrer les obstacles et dragons, le Gardien se fait le soutien du héros dans les moments difficiles.

À la fin du voyage, lorsqu'il est temps de rentrer à la maison et de partager son histoire, ses enseignements, le Gardien est là pour l'aider à délaisser la sérénité de la transformation et à trouver le courage du partage.

Tout au cours de notre vie, nous nous trouvons des gardiens. Ces personnes qui nous connaissent jusque dans l'âme, en pleine conscience. Ces personnes à qui nous pouvons confier nos états d'âme avec confiance et à qui nous n'hésiterions pas un moment à confier notre vie. Ce sont les amis loyaux, les personnes qui ne craignent pas de nous dire la vérité, ni de pleurer ou de rire avec nous. Elles sont là dans le chagrin comme dans la joie et, souvent, grâce à elles, nous reconnaissons notre lumière et poursuivons notre transformation.

Le Gardien est attentif aux espaces sacrés. Il est là pour nous mais n'envahit pas; il soutient mais n'agit pas à notre place. Il est parfois le seul à nous permettre de demeurer fidèle à notre vision, à notre mission. Il voit notre potentiel et accueille nos faiblesses.

Le Gardien reconnaît, accueille et parraine notre essence; il s'en fait le gardien même lorsque nous baissons les bras. Il nous protège contre tout et contre nous-mêmes. Avec sagesse et compassion.

Le Gardien, c'est notre conscience. Notre capacité à identifier et à éliminer les obstacles; notre aptitude à éclairer la voie. Comme

Gardien, nous aidons le héros à rester dans le droit chemin vers sa transformation.

Le Gardien, c'est l'archétype qui illustre le mieux l'interdépendance. Car, à tout moment, tour à tour, nous sommes gardiens les uns des autres.

Dans l'ombre, toutefois, la peur et le manque de compassion viennent souvent teinter l'énergie du Gardien qui alors se consacre au contrôle, à la surprotection. Le Gardien dans l'ombre est une énergie autoritaire et dictatoriale qui étouffe et contrôle.

Pour trouver la lumière du Gardien, savoir lâcher prise

L'un de mes plus grands défis comme parent a été d'apprendre à trouver l'équilibre entre m'inquiéter et lâcher prise. Apprendre à protéger sans surprotéger.

Il y a à peine quelques mois, mon fils aîné, dont le bail se terminait, s'est retrouvé à quelques semaines à peine de son déménagement sans option pour un nouvel appartement. À la suite d'un malentendu, l'immeuble qu'il visait n'avait pas de disponibilités avant le mois de mars. Nicolas devait vider son logement pour le début février. Mon fils est un jeune homme qui possède un très grand sens des responsabilités, ce qui amène, dans l'ombre, une propension à anticiper les pires scénarios. Le voilà donc plutôt inquiet, se voyant déjà un sans-abri – rien de moins! pour au moins un mois.

Malgré mes nombreuses pratiques de méditation, de relaxation et autres, je vous avoue qu'un de mes grands stress est lié au bonheur et au confort de mes enfants. Lorsque Nic m'a laissé un message téléphonique un mardi, me disant sa détresse, il m'en prit deux jours (et huit méditations!) pour arriver à me défaire de l'angoisse qui m'étreignait!

Finalement, devant le rencontrer pour un lunch le vendredi même... c'est la veille que je suis arrivée à retrouver le calme intérieur. De nombreuses centrations m'avaient permis de retrouver un peu mon équilibre. J'en profitai pour méditer sur la question.

Durant ma méditation, je me posai la question: «Si je suis branchée à mon intention supérieure, celle de ma source, comme humain qui guide un autre humain, et dans mon désir d'éveiller, quel est donc mon rôle auprès de Nicolas? Comme parent, gardien, d'âme à âme, vers quoi puis-je éclairer sa voie? Quelle est l'étape qui lui permettra d'avancer spirituellement?»

La réponse me vint avec une clarté désarmante. La seule idée qui prenait toute la place était de *le guider à faire confiance à la vie et à l'Univers*. Facile à dire! Comment pouvais-je le guider à faire confiance à la vie alors que moi-même j'étais saisie de doutes?

Finalement, le lendemain, nous avions rendez-vous pour le lunch et je lui fis part de ma méditation (et de mon inquiétude préalable!). Je lui racontai mon épiphanie de la veille. Et je lui avouai ne pas savoir comment je pourrais l'aider à faire confiance. «Tout ce que je sais, lui dis-je, c'est que mon rôle est de t'amener à avoir confiance... avoir la foi. Autrement dit, continue de faire tes appels pour d'autres logements, n'attends pas qu'ils te tombent du ciel, mais lâche ton inquiétude, lâche prise! Ton intuition te guidera. Tu sauras au fond de toi ce que tu dois faire... c'est tout!»

Heureusement, j'avais eu ce genre de conversations avec lui auparavant, alors il décida de me croire.

Deux jours plus tard, il me rappela pour me dire que, plusieurs hasards plus tard (en est-il?), il avait trouvé un meilleur appartement, dans un meilleur quartier, à meilleur prix et plus grand que tout ce qu'il avait vu jusqu'alors. Le samedi suivant, il déménagea, tel que prévu, et il y habite depuis.

¤ DÉCODER LA TRIADE INTÉRIEURE

L'inquiétude, l'angoisse, l'envie de surprotéger ou de faire le parent hélicoptère (enlever tous les obstacles qui se posent à mes enfants et trouver moi-même les solutions) sont toutes des indices de dérapage.

Le mal-être intérieur que je vis dans ces moments m'indique, bien sûr, des élastiques à l'Enfant intérieur. Je suis emplie d'une peur panique qui me serre la gorge au point où j'ai de la difficulté à avaler !

Je deviens obsédée par le problème – une sorte de vision télé-scopique, je ne vois que le problème et ses conséquences possibles ! Je perds ma clarté d'esprit et mon niveau de stress grimpe les plus hauts sommets !

De l'extérieur, un témoin pourra reconnaître les comportements du Parent-juge ! Je questionne, je reproche, je mène. Je fais des listes, donne des ordres, fais constamment des suivis. Je fais tout, sauf lâcher prise.

Pour vrai, voici ce qui se passe avec la Triade. La *misère* de Nicolas déclenche chez moi un sentiment d'impuissance. Dans la collection de règles de mon Parent-juge, se trouve une loi absolue : « Tu dois être une mère parfaite ! », suivie, bien sûr, par « Tu ne dois jamais laisser tes enfants souffrir. »

Cela engendre la panique de mon Enfant intérieur, qui, bien sûr, n'a aucune idée de comment accompagner Nicolas dans cette situation... À moins de prendre en charge et de tout faire moi-même ! On se souviendra que l'une de mes croyances de l'Enfant est : « Je n'ai besoin de personne ! » Mon Enfant décide donc de tout régler seul.

Et, quand je prends en charge (*Pousse-toi, je le ferai à ta place!*), le message profond que j'envoie à mes enfants est: *Tu n'es pas capable de t'arranger avec ça.* Si je le fais assez souvent, je le maintiens ainsi dans une relation de dépendance et dans son incompétence (qu'elle soit réelle ou perçue). Tout à fait contraire à mon objectif de parent éveilleur, non?

¤ AUTRES SCÉNARIOS DU GARDIEN DANS L'OMBRE

En suite logique, lorsque l'Enfant intérieur s'emballe et prend les rênes, on peut tomber dans l'ombre du Gardien. Cela peut donner lieu à des scénarios relationnels du genre:

- Les parents hélicoptères ou tondeuses. Ces parents qui survolent le territoire de leurs enfants pour y repérer des obstacles et les prévenir, les raser ou les résoudre eux-mêmes.
- La fusion. Particulièrement présente chez les familles monoparentales, après le divorce, ou encore chez les familles où l'un ou l'autre des parents se perçoit comme le défenseur de ses enfants contre l'autre. Il peut se développer «des liens de proximité extrême... le danger, c'est l'appropriation excessive de l'enfant. En vase clos, il est important d'encourager les enfants à établir des liens avec d'autres personnes significatives. C'est une façon saine de les laisser grandir[11].»
- L'inquiétude ou l'angoisse extrême. Dans ma pratique, j'ai rencontré de nombreux cas de parents vivant une énorme inquiétude concernant la sécurité de leurs enfants. C'est assurément là un indice de présence profonde d'élastiques aux peurs de l'Enfant intérieur – souvent exacerbées par le Parent-juge qui renforce des croyances du genre «Le monde extérieur est dangereux», «On ne peut faire confiance à

---

11. Deschenaux, Nadine. «Mère, seule et heureuse». Châtelaine, mai 2005, p. 121.

personne», «Tu n'es pas un bon parent», etc. C'est un peu comme si le parent, évidemment décentré, continuait de percevoir son enfant à un âge chronologique beaucoup plus jeune que la réalité. Par exemple, la mère d'un enfant d'âge scolaire qui le perçoit inconsciemment encore bébé continuera de le materner comme un bambin, n'encourageant pas la prise d'autonomie requise pour qu'il se responsabilise et fasse épanouir son Adulte intérieur. Cela me rappelle une de mes clientes qui se mourait d'inquiétude pour ses enfants adultes et qui, lorsque je lui ai posé la question: «Quand tu es en relation comme ça avec ta fille, à quel âge la *sens-tu*?», à sa grande surprise, dans ces moments-là, c'était comme si sa fille avait encore 7 ou 8 ans. Bien sûr, une enfant de cet âge qui devait porter les responsabilités d'une adulte... effrayait sa mère au plus haut point. La guidant légèrement dans ce processus, elle put réaliser les acquis, expériences et qualités *adultes* de sa fille. Ce fut pour elle une révélation et le début de la guérison de la relation.

¤ Les antidotes

Primo: me centrer de nouveau. Je sais maintenant comment faire.

Secundo: une fois centrée, accueillir ce qui est. Au lieu de fuir ou d'imaginer le pire, juste accueillir la situation et prendre du recul. Voir d'un autre angle. Méditer.

Tertio: me réaligner sur mon intention: en tant que parent d'humains, comment puis-je encourager l'éveil – le mien et celui de mon enfant? Qu'est-ce qui est *bon* pour lui – dans le sens le plus élevé et le plus profond de ce qui est bon.

Cet espace est d'une puissance inestimable.

Cette approche a amené, par exemple, des résultats à long terme pour une amie dont la fille souffrait de désordres alimentaires. Issue d'une famille aimante, mais dont la maman avait tendance à surprotéger et à s'inquiéter de manière obsessive, la jeune fille avait été influencée par son entourage à viser la perfection, particulièrement physique. En proie à son Parent-juge intérieur, elle se sentait coupable de s'autoriser à manger et, par autopunition, se faisait vomir pour rétablir l'équilibre. Cela devint rapidement un cercle vicieux.

En créant un espace d'écoute, d'accueil et surtout d'ouverture – une zone neutre – où la fille se sentit accueillie et capable de partager, sans être jugée, ses problèmes et ses inquiétudes. En cultivant la finesse de perception qui permet d'entendre ce qui est derrière, dans le silence, et en apprenant à partager ce qui est là en pleine compassion, ces femmes ont établi une nouvelle relation, où la maman pouvait maintenant percevoir l'Adulte dans sa fille et, du coup, permettait à la jeune fille d'accueillir son Adulte intérieur et de lui laisser l'espace pour s'épanouir et agir en équilibre et en harmonie.

¤ PERCEVOIR ET PARRAINER L'ADULTE INTÉRIEUR DE VOS ENFANTS !

Une pratique particulièrement aidante dans ce genre de situation consiste à créer un espace propice au partage de la réflexion.

Les enfants seront plus ouverts à de tels échanges dans un espace où vous pouvez être seuls sans être dérangés : leur chambre, l'auto lorsqu'il est le seul passager, un lunch au restaurant ou autre.

J'ai réalisé qu'il est crucial de faire sa propre réflexion avant de la partager avec l'enfant. Apaiser l'esprit permet une réflexion plus large, plus profonde et affine l'intuition.

Assurez-vous d'être complètement centré avant d'amorcer la conversation. Soyez vigilant quant à vos réactions et celles de votre enfant.

Reconnaissez la Triade intérieure et revenez toujours à l'Adulte centré. Attention au Parent-juge qui risque de vouloir prendre le contrôle! Gardez l'équilibre entre le partage de votre réflexion et l'écoute de votre enfant.

Dès le très jeune âge, l'enfant a accès à son «Adulte intérieur», une partie en lui centrée et qui réagit de manière appropriée au moment présent.

Assurez-vous de bien saisir les moments où votre enfant apparaît centré et faites-le-lui savoir. Reconnaissez l'Adulte et parrainez-le. Parrainer, c'est apprendre à lâcher prise, c'est laisser place à sa propre intuition sur les capacités de l'enfant. C'est aussi encourager la prise d'autonomie.

Lorsque mes enfants étaient petits, je leur disais souvent, en m'assurant, bien sûr, que je le pensais réellement: «Tu sais, je vois devant moi un bel aperçu, un clin d'œil de ton Adulte intérieur, de l'adulte que tu es en train de devenir; et ce que je vois est bien beau!»

Percevoir l'Adulte chez l'enfant, c'est aussi apprendre à transiger avec cet Adulte. Qu'il ait quatre ans ou vingt-quatre ans, l'humain peut toujours accéder à une partie centrée de lui-même; à nous de nous assurer que NOUS sommes dans cet espace quand nous transigeons avec lui.

¤ VOIR L'ADULTE INTÉRIEUR, LA VÉRITABLE NATURE DE L'HUMAIN DEVANT NOUS

« Le problème avec le monde, c'est qu'il y a trop de problèmes dans le monde... »

CARLY
www.carlysvoice.com

Il y a quelque temps, j'ai reçu sur *Facebook* une vidéo qui relatait l'histoire d'une jeune fille de quatorze ans souffrant d'autisme profond, qui ne pouvait ni parler ni contrôler ses gestes, ses mouvements, ce qui s'avérait particulièrement difficile pour les gens autour d'elle.

Dès sa tendre enfance, Carly Fleischman était prisonnière de son état, incapable de s'exprimer autrement que par des grognements ou des cris, et ce, malgré tous les efforts de ses parents et des intervenants qui l'ont accompagnée depuis toujours. Plusieurs considéraient qu'elle n'avait pas la capacité de comprendre, encore moins d'interagir avec l'extérieur. Certains spécialistes recommandaient même à ses parents de la confier à une institution spécialisée pour prendre soin d'elle.

« Mais je voyais au fond de ses yeux une intelligence innée, je n'ai jamais baissé les bras... », raconte son père. Puis, un jour, Carly est placée en face d'un ordinateur. De fil en aiguille, on la guide à l'utiliser... ce qu'elle apprend à une vitesse surprenante.

Ce qui se passe ensuite bouleverse sa relation non seulement avec l'extérieur, mais avec le monde. Touche par touche, guidant difficilement son doigt et son focus, Carly commence à s'exprimer, au-delà de l'autisme, au-delà de la prison de son système nerveux. Voilà qu'enfin elle libère et exprime sa nature fondamentale.

Aujourd'hui, elle maintient un important blogue et commence à donner des entrevues, et même à interviewer. Ce qui en ressort est un message qui nous inspire profondément, une réflexion ancrée et intelligente sur elle, l'autisme, les relations et le monde.

Carly fait preuve d'une compréhension profonde de soi et du *comment ça marche* à l'intérieur d'elle-même. Et cette compréhension lui confère un niveau de compassion et d'empathie qui n'ont d'égal que sa sagesse.

Ce qui m'inspire surtout, toutefois, c'est justement la position de Gardien où se place son père. Malgré l'apparente agitation du corps de Carly, il reste dans sa propre paix intérieure, profondément centré dans la relation, en lui-même. Et ce qu'il voit, au-delà du corps agité, c'est l'âme de Carly, il entre en relation profonde avec cette âme, avec sa source à elle. C'est cela, la vision du Gardien, cette position de solidité, de protection, de respect et de maintien de l'espace sacré de la relation. Ce Gardien qui, quelles que soient les interférences et quelle qu'en soit la violence, reste lié à l'essence de cette âme qu'il garde, jusqu'à ce qu'arrive le moment où elle peut trouver sa lumière, prendre conscience d'elle-même et se reconnaître.

Visiter le site de Carly, au *www.carlysvoice.com,* c'est aussi apprendre à regarder au-delà, comprendre et entrer en contact avec son propre Gardien et pratiquer l'art de la relation d'âme à âme. Et en contact avec sa lumière, Carly a trouvé sa voix, elle s'est tournée vers l'extérieur pour transformer le monde de l'autisme et, à sa manière, transformer l'humanité.

L'Enfant blessé a trouvé sa lumière, et cet Enfant blessé s'est fait le souffle qui pousse tout l'être à venir en aide aux autres enfants blessés et y trouve du coup sa guérison.

Le Gardien dans la famille reconstituée...

Dans notre famille reconstituée, l'énergie du Gardien contribue à la préservation de la relation. Savoir déceler l'Adulte intérieur et parrainer cet état, tant chez les enfants de l'autre que dans notre relation de conjoint à conjoint, nous permettra de cultiver l'harmonie et la compréhension.

J'ai passé délibérément plus de temps sur ce mentor, car le Gardien est fortement lié au rôle du parent. Nous sommes gardiens de nos enfants dès la naissance mais, dans le cas des familles reconstituées, nous le devenons dès que se forme un nouveau réseau familial. Il est fondamental que nous soyons pleinement conscients de notre rôle. Le devoir et le privilège de protéger les espaces sacrés que nous partageons nous revient.

Le Gardien sait de plus percevoir l'essence, le potentiel des êtres devant lui. Or, il arrive souvent que, par ignorance, nous éteignions le potentiel avant même qu'il ne puisse éclore. Cela est profondément triste.

Gardiens, nous sommes à l'enfant ce que le petit prince est à sa rose. «Celle-là avait germé un jour, d'une graine apportée d'on ne sait où, et le petit prince avait surveillé de très près cette brindille qui ne ressemblait pas aux autres brindilles [...] le petit prince sentait bien qu'il en sortirait une apparition miraculeuse, mais la fleur n'en finissait pas de se préparer à être belle...»[12], nous dit-il.

En nous alignant sur notre intention d'éveil, nous pouvons percevoir bien au-delà de la pousse ou des épines, l'essence même, la beauté du présent et des possibles.

---

12. *Saint-Exupéry, Antoine de.* Le Petit Prince. *Folio Junior, Éd. Gallimard, 1949, p. 30.*

3. Le Guide

Vous vous souvenez peut-être de ces contes où le héros, perdu dans la forêt, fait la rencontre d'une personne portant une lampe, hibou sur l'épaule, canne à la main. Ou peut-être avez-vous déjà rencontré un de ces guides touristiques particulièrement doués qui non seulement connaît à fond la géographie de la ville au sein de laquelle il vous guide, mais en connaît l'histoire, la population, les meilleurs endroits, les pires aussi.

Le Guide connaît bien le terrain, le terrain de la vie. C'est le phare qui éclaire la voie, c'est la carte qui permet de se retrouver. Comme Guides, nous sommes parfois appelés à marcher devant pour ouvrir la voie ou encore à accompagner tout près derrière ou à côté, en soutenant et en éclairant la route.

Dans notre parcours de parents, nous sommes appelés à revêtir le manteau du Guide, en conjonction avec les autres mentors. Et dans cette énergie, celle du Guide, il nous faut aussi trouver notre propre guide, notre propre direction. Le Guide, c'est donc aussi le Guide intérieur, cette clarté dans le ressenti, quand on sait que l'on sait. Quand on est dans cet espace où *c'est bon* et *c'est bien*.

Le Guide se doit de savoir pour mieux transmettre. Le Guide connaît les règles, la route. Le Guide est gardien du comment.

Guider dans l'ouverture et l'accueil – Cultiver l'intuition du Guide intérieur

Dans notre rôle de parent, l'énergie du Guide demande présence et agilité d'esprit et une connaissance profonde du *terrain*. Nous sommes là pour guider notre famille, nos enfants, vers une pleine réalisation de soi. Nous sommes là pour les aider à surmonter les obstacles, les déceler aussi, les aider à développer l'intelligence de vivre en société.

Pour être guides, il nous faut d'abord connaître le territoire au sein duquel nous allons guider. Cela veut dire que nous sommes conscients des embûches et de leurs solutions. Que nous sommes en mesure de guider sans pousser, sans forcer. D'éclairer par-devant ou de guider en soutenant.

Lorsque le territoire est la vie même, ce rôle requiert un haut niveau de conscience. De conscience de soi et de l'autre, ainsi que de l'espace qui nous lit – la relation. Car nous sommes guides du mental dans le quotidien et guides d'âmes dans la vie. Et de tout ce qui se passe entre les deux.

Nous faisons appel à un guide quand nous ne savons plus où aller, ou comment y aller. C'est dans le rôle de Guide que nous apprenons à notre enfant, que nous le dirigeons avec sagesse vers sa route, son sentier.

¤ LE GUIDE INTÉRIEUR NE SE DÉVOILE QUE DANS LE SILENCE

Au risque de me répéter, je suis d'avis que l'un des plus grands talents de l'art de communiquer, c'est l'écoute, c'est la capacité au silence. Le silence permet de créer un espace où l'on va au-delà de l'écoute; on entend, on reçoit, on accueille.

Ce silence, c'est le silence intérieur aussi, cet état où l'on s'ouvre à soi et à l'autre. L'intuition véritable prend sa source dans notre connexion à notre propre nature divine, à notre source. Quoi que nous en pensions, notre nature divine, notre humain complet, sont toujours présents. Le silence intérieur nous permet d'observer et d'identifier les interférences, celles qui nous coupent de notre véritable nature. Ce n'est que depuis cet espace que nous pouvons laisser s'épanouir l'humain en nous.

Quand vous écoutez votre enfant (repensons, par exemple, à la Zone neutre), installez-vous dans la relation et portez toute votre attention sur lui. Non seulement sur ce qu'il dit, mais sur ce qui est là. Les contenus, les comportements, les émotions, tout ce qui se passe dans le *silence*.

C'est seulement à ce moment et dans cet espace que se tisse le lien profond, sans jugement, de confiance et de partage. Et c'est ce silence rempli d'amour et d'accueil qui en dit le plus long, qui vous permet de mieux entrer dans le monde de votre enfant et de le comprendre vraiment.

¤ Entrer dans le monde de notre enfant – Le plaisir de la découverte

L'an dernier, j'ai commencé à conduire mon fils à son travail quelques matins par semaine. J'aurais pu insister pour qu'il prenne les transports en commun, mais l'espace privilégié de conversation que cela créait en valait pour moi la chandelle. Un matin, alors que nous étions pris dans un bouchon de circulation, il me demanda si je voulais écouter *sa* musique. J'ai un penchant pour le jazz, le classique et la musique sacrée. Mais au fond, pourquoi pas? Une fois son MP3 installé dans le système audio de l'auto, il commença à m'initier à plusieurs musiques nouvelles... Il me guida dans cette découverte en me nommant les groupes: Dragon Force, Metallica, Night Wish et autres.

J'avais le choix entre deux possibilités. Ou bien je m'en tenais à mes critères d'appréciation de la musique, ou bien je lâchais tout et j'écoutais tout simplement pour le plaisir. À ma grande surprise, je me suis découvert du plaisir à l'écoute, particulièrement, du *symphonic metal*, forme de *heavy metal*!

Initialement, toutes les musiques *metal* ne faisaient aucun sens pour moi. Même que je les trouvais d'une violence inutile. Je n'y prenais aucun plaisir et mon réflexe était tout simplement de baisser le volume !

En faisant une pause d'arrêt et de réflexion, je me suis rendu compte qu'il s'agissait là de l'influence de mon Parent-juge (jugements, critiques, fermeture). En me recentrant, je suis revenue au moment présent – sans liens au passé, donc sans attentes ou jugements – et j'ai pu écouter avec ouverture.

L'autre effet de cette position est que cela m'a permis d'explorer le territoire de mon fils. Je m'y suis laissé guider. Il était devenu mon Guide. Il menait l'exploration et m'enseignait les notions dont j'avais besoin pour apprécier *sa* musique.

Dans cette position de Guide, il se sentait accueilli mais aussi protecteur. Il connaît bien son territoire et, comme Guide, s'assurait de m'y amener avec compassion et respect. Au-delà de la musique, cette expérience nous a permis à tous les deux de découvrir un nouveau territoire non seulement d'entente mais aussi de confiance. En le laissant me guider, je lâchais prise sur *qui est le parent* et, du coup, il se retrouvait dans son Adulte intérieur, centré.

Depuis, nous avons pu explorer nos territoires mutuels, tour à tour guide et guidé. Quand je suis Guide, je présente un territoire et je lui enseigne les principes. Cela varie de la relation à la connaissance de soi, en passant par la compassion et la discipline personnelle. Et je continue d'être Guidée dans d'autres mondes de musique, de technologie, de jeux vidéo, de philosophie ou d'humour, selon nos humeurs.

Le monde actuel est un territoire nouveau, les liens sont ouverts comme jamais auparavant. Il nous offre une opportunité inégalée de guider et de nous laisser guider. De nous défaire des préjugés que nous avons reçus et avons transmis à nos enfants en retour.

> C'est en explorant le territoire, le monde de l'autre, que je peux le comprendre et apprendre à l'apprivoiser, à l'aimer.

Ce qui me rappelle une entrevue de Jay Z, artiste hip hop de renom. Le hip hop était à l'origine l'apanage des artistes de culture afro-américaine, aux personnes de race noire. La popularité grandissante de ce genre musical et son appel authentique dans le vécu, dans le dit et le non-dit, a ouvert la voie aux amateurs de toutes les origines ethniques. Ce qui lui fit dire: «Le racisme s'enseigne à la maison – je crois vraiment que le racisme s'apprend quand nous sommes jeunes – or, il est bien difficile d'apprendre le racisme à vos enfants quand ils adorent Snoop Dogg[13]!»

¤ Reconnaître l'Adulte dans nos enfants, même petits, et le guider

Au risque de me répéter, je constate que, comme parents, nous oublions fréquemment que, peu importe leur âge, les enfants se retrouvent fréquemment dans leur propre *Adulte intérieur.* Peut-être sommes-nous prisonniers de nos obligations (a priori, souvent dictées par le Parent-juge intérieur), et cette omission peut avoir un impact toxique sur eux. Alors que de reconnaître l'Adulte intérieur chez notre enfant permet de le nourrir et le guide vers l'épanouissement, le fait de ne pas le percevoir quand il est présent nous amène à le repousser de plus en plus loin. Ce faisant, au lieu d'encourager l'enfant à acquérir les qualités et les compétences pour devenir un humain centré et interdépendant, nous le maintenons dans un état qui favorise la dépendance et le doute de soi.

---

13. OWN – Oprah Winfrey's Master Classes – Jay Z – Mars 2011. (Traduction libre par l'auteure).

Je lisais récemment un article particulièrement inspirant qui s'insère bien dans l'énergie du Guide.

Nous étions en période électorale au Canada, et l'article relatait une expérience initiée par un professeur de sciences politiques à l'Université McGill de Montréal[14]. Le professeur décida d'inviter un groupe de jeunes de la garderie universitaire, des enfants de quatre et cinq ans, à se joindre à sa classe de sciences politiques. Pour cette classe, elle demanda à ses étudiants de préparer des présentations qui expliqueraient aux petits ce que sont le vote, la démocratie et ce que veut dire *choisir un premier ministre.*

On leur demanda de voter pour un autocollant représentant un cornet de crème glacée ou un ballon de soccer. Le vote majoritaire allant au cornet, ils reçurent tous un autocollant de cornet. Pour leur montrer ce que serait un état non démocratique, on les fit voter une autre fois pour un autocollant... mais, à la fin, au lieu de recevoir l'autocollant gagnant, on les obligea à faire une sieste.

Après quelques heures de présentations diverses et de participation, non seulement les enfants connaissaient les noms des candidats, mais ils avaient établi leurs préférences. De plus, ils pouvaient déjà prendre position sur plusieurs sujets.

Cette expérience illustre, selon moi, une immense énergie du Guide. Chez le professeur qui amena ses propres étudiants universitaires dans une zone inconnue, tant en termes d'activités qu'en termes de réflexion, mais qui les amena aussi à réaliser que, même très jeunes, ces enfants étaient tout à fait capables de faire des choix éclairés si on prenait la peine de bien les informer et, surtout, si on se défaisait des préjugés habituels du genre: «Ils sont trop jeunes pour comprendre», «Ce sont des affaires d'adultes» ou autres.

---

14. Peggy Curran – «Kids lean Liberal – or is it the hotdogs?» The Montreal Gazette, mardi 12 avril 2011. (Traduction libre par l'auteure).

Dans de tels préjugés, nous reconnaîtrons la présence du Parent-juge intérieur ! Ces énoncés, collectionnés lorsque nous étions enfants et que nous réutilisons automatiquement, assurant ainsi leur survie et leur transmission intergénérationnelle.

¤ RÉFLEXION – VERS QUOI JE GUIDE ?

Nous retrouvons l'ombre du Guide quand nous oublions d'aligner notre intention, notre réflexion, sur nos actions. Vers quoi guidons-nous ?

Continuons-nous à reproduire les préjugés, croyances et patterns de nos parents, et de leurs parents avant eux ?

Quels sont les jugements, énoncés, comportements que je transmets à mes enfants ?

Est-ce que je suis conscient de mes valeurs profondes ? Si oui, est-ce que mes comportements sont alignés à ces valeurs ? Si non, quelles sont les valeurs que j'enseigne à mes enfants ?

Ai-je pris le temps de faire ma réflexion sur ma vision ? Qu'est-ce que je désire le plus pour moi, pour mes enfants, pour ma famille, pour l'humanité ? Quelles actions ai-je prises pour m'assurer de contribuer à cette vision ?

Le Guide a une responsabilité profonde dans l'éveil de l'intelligence de votre enfant. Intelligence en termes de savoir, mais intelligence émotionnelle et relationnelle également. Que faites-vous pour affiner votre savoir et vos actions qui vous permettront d'être son Guide dans cette voie ?

Alors que le Gardien est la voix de notre conscience, le Guide en est l'action.

Et dans l'action, en vivant la vie, nos enfants peuvent aussi prendre le rôle de Guides pour nous. Si nous cultivons la pleine écoute, ils peuvent nous *guider à les guider*, et nous aider ainsi à entendre avec une clarté grandissante notre propre Guide intérieur.

Le Guide dans la famille reconstituée...

Dans un contexte de famille reconstituée, le Guide prend une importance capitale. Une fois la réflexion faite sur ce vers quoi nous désirons guider nos enfants, notre famille et nous-mêmes, il nous aide à prendre le rôle de phare. Nous maintenons cette intention en conscience et la suivons avec inspiration. Cela se reflète dans l'ensemble de nos comportements.

Dans l'énergie du Guide, je peux me demander... quel est le phare que nous avons mis pour notre famille reconstituée? Est-ce que nous guidons nos enfants à vivre et à contribuer à l'harmonie de la nouvelle famille? À accepter les différences, les imprévus, les changements, la mouvance?

Ou... est-ce que je les guide vers le maintien de la rancune, vers la haine ou l'indifférence? Est-ce que je leur apprends la vengeance et l'intolérance? Même si mon discours parle d'accueil, quel est le message que véhiculent mes comportements, mes actions? Les enfants nous modélisent. Que modéliseront-ils chez moi?

Comment les guidons-nous vers une vie harmonieuse? Vers l'apprentissage du partage, des espaces mais aussi de la communication?

Quels sont les pistes, les méthodes, les outils et les objectifs que j'enseigne à mes enfants pour leur offrir un espace harmonieux où sera cultivé le désir de devenir un être humain meilleur? Un espace où ils apprendront à cultiver l'éveil et à cheminer vers la sérénité.

4. Le Leader bienveillant

« Un véritable leader inspire les autres à se diriger eux-mêmes. »

Ari D. Kaplan[15]

Dans l'archétype du Leader bienveillant, il réside une notion de pouvoir et de charisme que l'on ne retrouve nulle part ailleurs parmi nos mentors.

Paradoxalement, la notion de bienveillance fait appel à une position de service et d'humilité qu'on ne trouve qu'exceptionnellement parmi les leaders de ce monde. Ce leadership bienveillant, synonyme pour plusieurs d'éveil, d'accomplissement de soi et de spiritualité, se perçoit dans les discours, ainsi que les actions et écrits que signent Gandhi, Mandela et, bien sûr, le Dalai Lama. Dans l'histoire aussi de prophètes et guides fondateurs de grandes religions, de philosophes anciens et contemporains.

Plusieurs qualités émergent de l'approche au leadership bienveillant de ces grands leaders: le courage, la discipline, l'humilité, l'écoute et le pardon.

Dans son autobiographie, *Un long chemin vers la liberté*, Nelson Mandela, de son nom tribal *Madiba*, écrit: « Comme leader, j'ai toujours adhéré aux principes que j'ai observés pour la première fois chez le régent. Je me suis toujours promis d'écouter ce que chacun avait à dire lors d'une discussion avant même d'offrir

---

15. *Brady Chris et Orrin Woodward.* Launching a Leadership Revolution – Mastering the Five Levels of Influence. *Business Plus / Hachette, NY. 2005, p. 113. (Traduction libre par l'auteure).*

mon opinion. Très souvent, mon opinion ne représente que le consensus de ce que j'ai entendu durant la discussion. Je me souviendrai toujours de l'énoncé du régent: *Un leader,* dit-il, *est comme un berger. Il se tient à l'arrière du troupeau, laissant les plus agiles prendre la tête, suivis bientôt par le reste, sans réaliser que tout ce temps, ils sont dirigés par l'arrière*[16]*.*»

Gouverner avec amour, compassion et sagesse

«La meilleure façon pour un souverain de gouverner son pays est d'abord de se diriger lui-même.»

DALAI LAMA[17]

L'une des réactions les plus fréquentes que je retrouve en ateliers ou en conférences lorsque je parle d'être centré et de compassion est la suivante: «Mais si j'apprends à gérer mes émotions, à trouver la paix intérieure, est-ce que je ne risque pas de faire le tapis? Comme parent, je ne peux pas les laisser faire tout ce qu'ils veulent; je dois leur mettre des limites, les responsabiliser!»

Au contraire! C'est justement en prenant moi-même la responsabilité de mes propres émotions et actions que j'apprendrai le mieux à mon enfant à faire de même. Bien sûr, c'est souvent plus facile à dire qu'à faire...

16. *Mandela, Nelson.* Long Walk To Freedom. *Little Brown and Company, 1995, p. 22. (Traduction libre par l'auteure).*
17. *Sa Sainteté le Dalai Lama et Laurens Van Den Muyzenberg.* La route des leaders. Ce que le bouddhisme peut apporter aux dirigeants. *Éd. Le Jour, Québec, 2008, p. 17.*

Comme nous l'avons vu, le simple fait de nous inspirer de mentors et des résonances qu'ils appellent nous amène à découvrir et à cultiver des qualités qui nous semblent autrement absentes. Ainsi, pour cultiver le mentor du Leader bienveillant, on peut se référer à quelques excellents ouvrages, dont celui de Sa Sainteté le Dalai Lama et Laurens Van Den Muyzenberg, *La route des leaders*[18].

De mon côté, en toute franchise, si mon parcours était à refaire avec ma famille, ce mentor serait probablement celui que j'aurais le plus besoin de modéliser. Alors que d'autres mentors étaient déjà très présents, nulle part dans mon enfance ou dans mon entourage de croissance, n'avais-je appris à gérer la colère ou le conflit.

Je venais d'une famille où tout conflit était tabou, donc occulté, et beaucoup plus encline à enfouir, à réprimer les besoins et les états d'âme qu'à les partager librement. Les éclats n'étant pas permis, je n'avais ni appris à exprimer, ni appris à recevoir ou à transiger avec quelque forme de conflit ou de violence que ce soit.

Rétrospectivement, je réalise maintenant que le mentor qui me manquait le plus était celui du Leader bienveillant.

Quelque part dans mon système de croyances existait un antagonisme entre l'idée de discipline et de réprimande et ma propension à vouloir me faire aimer à tout prix.

¤ T'ES PAS MA MÈRE ! GÉRER LA COLÈRE ET LES CONFLITS

Je n'ai pas besoin de vous faire un dessin pour que vous compreniez que, dans ces circonstances, j'ai eu à faire de grands efforts de créativité pour ne pas faire le tapis !

Ainsi, un jour... alors que nous étions une nouvelle famille depuis presque deux ans, ma belle-fille s'est rebellée profondément

---

18. Op. cit.

face à une réprimande ou une demande que je lui avais faite. Bien campée sur ses petites jambes, la chevelure rebelle et les étincelles de colère dans le regard, elle me fixa droit dans les yeux et me lança: «T'es pas ma mère!!!» avec toute la violence de sa propre émotion à elle...

La seule stratégie que j'avais réussi à développer depuis l'enfance devant les colères, c'était la fuite. Je me coupais automatiquement de mes propres réactions et émotions, et je tentais d'apaiser la furie devant moi. Mais, ce jour-là, je devais être plus centrée qu'à l'habitude, car j'ai réussi non seulement à me recentrer, mais à avoir accès à la force tranquille, aimante et paisible de l'Adulte intérieur.

«Je sais, ma belle, que je ne suis pas ta mère... et je n'ai aucune intention de prendre la place de ta maman. Mais ici, quand vous êtes dans la maison de ton papa et moi, je suis une figure parentale. Et mon rôle, comme figure parentale, c'est de m'assurer que tu es en sécurité, que tu te développes correctement et que tu vis les conséquences de tes actions. Je suis là pour toi quand tu en as besoin, mais ma responsabilité, c'est aussi de guider tes actions quand elles ne sont pas appropriées.»

Ce faisant, pas nécessairement en pleine conscience, je vous l'avoue, je remplissais tout de même plusieurs besoins:

- reconnaître sa frustration et accueillir sa colère sans jugement;
- parrainer ce qui était là;
- expliquer calmement mon rôle et mon intention;
- lui apprendre (par l'exemple) qu'il est possible d'être ferme, d'être aimante et d'être frustrée dans le même espace, tout en préservant la relation et sa paix intérieure.

Bon d'accord, il y a eu après cet épisode d'autres moments où ce fut beaucoup moins harmonieux. Mais aujourd'hui, nous jouissons, elle et moi, d'une relation riche où nous partageons, discutons, échangeons – une relation où règnent le respect mutuel et l'intégrité, et beaucoup d'amour.

Revenons ici au Leader bienveillant. Dans le rôle de parent, il arrive souvent que l'on mêle le besoin de fermeté et l'excès d'autorité. De plus, face aux conflits et aux colères, les dérapages sont beaucoup plus fréquents que la gestion délibérée de la communication et des émotions.

En fait, une grande partie de la population oscille entre le *contrôle des émotions* et les épisodes de rage, contenue ou pas. Or, il existe une immense différence entre *contrôler ses émotions* et les gérer.

Ainsi, prenons ma relation avec un de mes fils plutôt colérique. S'il exprimait de la colère, par exemple, mon réflexe immédiat était de l'apaiser, de lui changer les idées. Mais à l'intérieur de moi, j'avais très peur de sa colère et je ne savais pas du tout comment la gérer. Si j'avais pris le temps d'accueillir ce qui était là en moi, cette peur, j'aurais pu *reconnaître un autre indice d'élastiques à l'Enfant intérieur.*

La colère était probablement l'émotion la plus taboue de ma propre enfance. Comme enfant, j'ai grandi dans un milieu familial où *il n'est pas bien de se mettre en colère.* Ni l'un ni l'autre de mes parents n'a jamais su exprimer la colère. Ni la frustration.

De plus, enfant, lorsque j'ai laissé monter en moi de grandes colères, comme une soupape, elles m'ont attiré des réactions de reproches. Je venais d'enfreindre une croyance de mon Enfant intérieur: «Si tu fais quelque chose pour faire fâcher ta maman, elle ne t'aimera plus et elle t'abandonnera.» Ne PAS exprimer la colère était la seule manière de survivre.

Je vois donc maintenant que c'était mon Enfant intérieur qui réagissait pour apaiser les colères de mon fils. La colère de l'autre entraînait chez mon Enfant intérieur une peur panique.

À un deuxième niveau, me voilà parent et je dois composer avec la colère de mon fils. Comment faire? Je ne sais pas du tout comment et je me sens désarmée! *Autre indice d'élastiques à l'Enfant intérieur.*

Le jeu se complique. En effet, ne trouvant pas de ressources appropriées à l'intérieur de moi (toujours *menée* par l'Enfant intérieur, donc je n'ai PAS accès à mes ressources de centration, de logique, d'expérience...), je ne suis PAS dans mon état d'Adulte intérieur.

Où vais-je trouver ces comportements, ce qu'il FAUT faire? Vous l'aurez deviné: je pige dans les comportements que j'ai collectionnés, ceux du *Parent-juge intérieur.*

Dans mon cas, la stratégie apprise de ma mère était de charmer et d'apaiser. Je reprenais donc les mêmes stratégies avec mon fils: apaiser et charmer. Je faisais le tapis.

Avec un regard honnête et une réflexion, je constate ce qui se passait vraiment:

- mon focus est d'apaiser la colère et ses signes;
- ma stratégie est d'apaiser et de charmer (bonbons, nourriture, blagues ou autres promesses);
- je FUIS le besoin de mon fils; je ne RECONNAIS pas ce besoin;
- je pense lui enseigner qu'il vaut mieux s'exprimer qu'entrer en colère.

Mais je lui enseigne deux choses:

- sa colère lui attire mon attention (je fais tout pour le faire changer d'état);
- la meilleure manière d'exprimer son besoin est de sortir de ses gonds.

Pas tout à fait ce que je visais, n'est-ce pas?

Pour d'autres, la colère entraînera une réaction de violence ou d'agression. Il faudra se demander alors: *Qu'est-ce que j'enseigne à l'enfant? À réprimer sa colère, à la nourrir et à s'en servir comme d'une arme? Ou bien suis-je en mesure de lui donner des outils pour apprendre à la gérer?*

Il en va de même pour toutes les émotions négatives.

¤ Les antidotes

Il existe plusieurs méthodes de communication et approches comme la communication orientée vers les besoins/la communication orientée vers les solutions; la communication non violente et les autres approches permettant d'exprimer ses besoins et ses émotions. Elles sont toutes très aidantes.

Lorsqu'on se lie à l'énergie du Leader bienveillant, il devient plus aisé de trouver l'inspiration pour appliquer de telles méthodes dans le quotidien. Car tant que nous n'aurons pas trouvé notre espace de Leader bienveillant, nous serons soit trop bienveillants, soit trop autoritaires. C'est l'équilibre entre la fermeté et la bienveillance qui fait du Leader bienveillant une si grande ressource.

Dans l'archétype du Leader bienveillant, nous réalisons de plus que le leader se met au service des autres, avec pour but le bien de l'ensemble. Pour Robert Dilts, pionnier de la PNL, le leadership a «pour but de promouvoir le respect, l'évolution, la croissance et la conscience globale et sociale, l'éthique et la responsabilité sociale[19]. »

Cette position rejoint beaucoup la position du Dalai Lama, qui souligne l'importance de prendre conscience de notre intention commune : le bonheur.

L'égocentrisme cause notre mental à s'accrocher aux croyances et scénarios toxiques (reconnaissez-vous là la présence de l'Enfant intérieur ?) qui entraînent ainsi des pensées et émotions négatives. « La tromperie, le mensonge, la dissimulation de mauvaises intentions, l'agressivité, la colère, l'arrogance, la jalousie, la méchanceté et le ressentiment sont tous des pensées ou des émotions négatives. Si vous réussissez à ce qu'elles envahissent moins souvent votre esprit, vous constaterez une amélioration rapide de votre relation avec les autres[20]. »

Le Leader bienveillant dans la famille reconstituée...

Nous connaissons déjà l'importance de savoir se centrer, de prendre le temps de la réflexion et d'aligner nos actions sur notre intention. Tout au long de notre parcours, nous continuons à développer les grandes qualités humaines, lesquelles trouvent leur écho dans les qualités du leader que nomme le Dalai Lama[21] :

- conscience de la nature des devoirs et responsabilités inhérentes à son rôle, et des défis à relever ;

---

19. *Dilts, Robert.* Leadership efficace : Leadership de service. *Séminaire sur le leadership présenté par le CQPNL, 2003.*
20. *Sa Sainteté le Dalai Lama et Laurens Van Den Muyzenberg.* La route des leaders. Ce que le bouddhisme peut apporter aux dirigeants. *Éd. Le Jour, Québec. 2008, p. 22.*
21. *Op.cit. pp. 72-73.*

- connaître le sens et le but des principes auxquels il reste fidèle; il sait ce qu'il fait et pourquoi il le fait;
- se connaître soi-même;
- le leader compétent est modéré dans ses paroles et dans ses actes;
- il sait ce qu'il faut faire, quand et comment; il fait preuve de discernement, donc identifier les priorités et se concentrer sur elles;
- il sait que les membres de son organisation ont des contraintes, qu'il doit prendre compte des besoins, les écouter et les satisfaire de façon appropriée;
- il comprend et accepte les différences entre les individus; il sait communiquer efficacement avec eux, ce qu'il peut en apprendre, comment s'y prendre pour les féliciter, les critiquer, les conseiller et les former.

Dans la même veine, et avec le recul du temps et l'expérience, voici quelques points qui me semblent importants dans tout système familial:

- Nous ne pouvons pas contrôler les personnes, mais nous pouvons contrôler l'environnement. Tout comme nous préparons notre maison à l'arrivée d'un bébé, nous pouvons prendre conscience des besoins de nos enfants grandissants et de nos familles mouvantes. Ainsi, même si nous avons des gardes partagées, assurons-nous que chaque enfant ait un espace de refuge quand il en a besoin. Pendant plusieurs années, chez nous, nous avions la garde complète des garçons (qui visitaient leur papa tous les deux week-ends) et la garde partagée des filles. Nous nous sommes toutefois assurés d'avoir TOUJOURS une table familiale entourée de six chaises; d'avoir une chambre pour les filles et une chambre pour les garçons (et plus tard, une chambre pour chacun). Comme ça, les filles n'avaient pas l'impression d'être *en visite*, mais elles étaient chez elles dès le moment où elles franchissaient le seuil.

- S'assurer de présenter aux enfants un espace de refuge psychologique et affectif. Les pratiques comme la *Zone neutre,* ou autres, permettent aux parents d'être à l'écoute des enfants et offrent à ces derniers l'occasion de développer le réflexe d'approcher les parents dès qu'ils en éprouvent le besoin.
- Créer des espaces de partage (repas familiaux, journées d'activités, contacts avec les nouvelles familles élargies, films en groupe ou autres) qui stimulent la création de liens entre les *nouveaux frères et sœurs*.
- En respectant l'approche du Leader, on constate qu'il est important de guider, d'amener sans pousser, de nourrir les opportunités et d'être conscient et vigilant. On réalise l'importance d'apprendre à connaître les enfants à fond, d'en saisir les rythmes et les besoins. Il existe plusieurs approches qui peuvent être aidantes dans cette visée. Par exemple, le fait de tout simplement reconnaître si l'enfant est visuel, auditif ou kinesthésique, permettra déjà d'accueillir les différences et de répondre aux besoins de manière plus appropriée[22].

Quelle que soit l'approche ou les approches, souvenons-nous avant tout que notre succès viendra de notre désir profond de comprendre et de découvrir nos enfants, avec intérêt et ouverture.

---

22. Voir les lectures suggérées à la fin de l'ouvrage.

5. Le Maître

« Nos premiers maîtres de philosophie sont nos pieds, nos mains, nos yeux. Substituer des livres à tout cela, ce n'est pas nous apprendre à raisonner, c'est nous apprendre à nous servir de la raison d'autrui. »

Jean-Jacques Rousseau[23]

L'archétype du Maître est intimement lié à la notion de l'enseignant, du maître zen, du mentor. Elle englobe les qualités du conseiller et du guide. En d'autres mots, le Maître transmet à son élève la sagesse et le savoir de sa propre expérience et l'accompagne dans l'épanouissement et la maîtrise de ses qualités et de son savoir. Ce savoir et cette sagesse sont uniques en ce sens qu'ils s'acquièrent par l'élève, dans l'action et l'expérience suivis de la réflexion, sous la vigilance du Maître.

Comme le dit si bien Rousseau dans la citation d'introduction, acquérir le savoir de toute source autre que d'en faire l'expérience, c'est, au fond, se servir de la raison d'autrui.

Le Maître, que l'on retrouve dans les philosophies orientales et les arts martiaux, enseigne à son élève en lui laissant faire l'expérience directe de la vie. Il s'apparente au Guide, en ce sens qu'il connaît déjà le territoire et la voie, mais il y ajoute toute la notion d'enseignement et, comme maître, il amène son élève à faire sa propre réflexion, à se découvrir lui-même. Non seulement il accompagne le disciple dans l'acquisition du savoir et de la sagesse, mais il en nourrit l'intégration et l'épanouissement.

---

23. *Rousseau, Jean-Jacques. Extrait de* Émile ou de l'éducation. *Evene-Citations. www.evene.fr.*

Le souffle profond du Maître s'appuie sur la foi entière qu'il a en son disciple, et s'enracine dans sa capacité à en saisir l'essence et à en préserver l'intégrité.

Le Maître, mentor, guide et conseiller

J'ai vu récemment le très beau film réalisé par Tom Hooper, *Le discours du roi*[24], qui relate un épisode déterminant de la vie du Prince Albert (George VI), qui vit un grave problème de bégaiement et rencontre Lionel Logue, orthophoniste australien aux méthodes considérées alors peu orthodoxes. La relation qui s'établit entre Lionel et *Berty* (comme le surnomme d'emblée Logue) représente avec brio la rencontre maître/élève dans l'énergie du Maître.

La relation de confiance qui se bâtit, l'équilibre entre la sévérité et la témérité de Logue vis-à-vis du roi, mais aussi l'évidente amitié qui se développe entre eux, enveloppent l'ensemble du parcours. Le souffle même de cette relation s'appuie sur la foi inébranlable de Logue quant au potentiel d'Albert.

Il est évident qu'il est convaincu de la capacité du roi à transcender les sources mêmes de son bégaiement, mais sa vision est plus grande : il sait d'emblée qu'Albert sera roi et fera un souverain inégalable. Et cela, il le sait avant même qu'Albert lui-même commence à y croire. C'est cette conviction profonde qui nourrit le Maître.

Cette foi n'a rien du souhait ni de l'espoir. Souhaiter et espérer incluent en eux le doute – si je souhaite, c'est qu'au sein de ce souhait s'inscrit le doute que peut-être je n'y arriverai pas. Au contraire, la foi est profonde et absolue, sans la moindre place pour le doute.

---

24. *The King's Speech (*Le discours du roi / *Québec;* Le discours d'un roi/ *France); See-Saw Films, Bedlam Productions. 2010, Royaume-Uni.*

Ainsi, Logue continue de surnommer le prince *Berty* jusqu'au jour où il sait, profondément, que le prince vient d'entrer dans son essence, vient d'accueillir sa mission. C'est alors, et seulement alors, qu'il s'adresse à lui par *Votre Majesté*.

Le Maître perçoit, intuitivement et avec force, le potentiel de son élève. Il l'accueille et le maintient en conscience. Enraciné dans sa propre sagesse et connaissance de soi, il a pour rôle de sortir son élève de sa zone de confort, tout en le guidant dans l'épanouissement des qualités qui lui seront indispensables dans la maîtrise de sa vie.

Le Maître peut se montrer sévère, mais avec tendresse et compassion. Ses attentes sont élevées, car il sait ce dont son élève est capable, et il attend de lui qu'il se surpasse. Il n'est pas le critique qui exige la perfection, bien au contraire; le Maître accompagne depuis son essence, sa partie sage et centrée – dans l'ici maintenant, juste de vision et juste d'action.

Pour pouvoir accompagner dans l'énergie du Maître, il est important d'avoir été nous-mêmes l'élève, d'avoir fait la traversée. N'est Maître que celui dont le cœur est ouvert et rempli de compassion, dont l'esprit est vif et en paix, libéré des interférences du mental. N'est Maître que celui qui consacre toute sa sagesse à raffiner le caractère, la nature même de son élève. N'est Maître que celui qui permet à son élève de s'élever, de s'éveiller jusqu'à le surpasser, et qui a l'humilité d'ouvrir l'espace qui permettra à l'élève de devenir un jour le maître.

Le Maître n'a pas d'attentes et il les a toutes.

Son ouverture lui permet de saisir les moments d'enseignement, comme les moments propices au soutien et aux conseils, et les moments où il lui est nécessaire de consoler, de guider. Il sait se taire, comme il sait enseigner. Il écoute et entend, il voit et comprend.

Cette énergie du Maître est particulièrement inspirante lors des grands passages d'individuation de l'enfant, comme l'adolescence et la prise d'indépendance des jeunes adultes. Elle est aidante aussi dans toutes les transitions et passages de vie, crises ou autres.

¤ LE PASSAGE DE LA DÉPENDANCE À L'INDÉPENDANCE, VERS L'INTERDÉPENDANCE

L'une des conditions essentielles pour être un bon Maître consiste à développer sa capacité à percevoir l'Adulte intérieur de notre enfant. Et cela ne sera possible que si nous nous trouvons nous-mêmes dans notre Adulte, dans notre partie sage et centrée.

C'est l'énergie du Maître qui nous permet notamment de traverser sereinement les moments houleux de l'enfance et de l'adolescence. Comme si, derrière les nuages des personnalités rebelles ou énigmatiques, aux comportements pas toujours appropriés et aux transformations parfois inquiétantes, nous arrivions à continuer de percevoir le soleil, la lumière et le potentiel de chacun d'eux.

Le Maître nous permet de reconnaître les graines de compétences, de savoir ou de potentiel de notre enfant. Et nous connecte à la sagesse de savoir quoi parrainer et comment, ainsi qu'à l'humilité d'accueillir tout ce qui est là.

À l'instar des maîtres d'arts martiaux orientaux, le Maître peut s'attendre à beaucoup, car il sait de quoi est capable son disciple. Il opte souvent pour encourager la réflexion par des questions plutôt que par des commandements; il prend le temps d'observer et d'écouter son disciple. Il l'encourage suffisamment afin de promouvoir son évolution, mais il s'assure de lui laisser vivre les conséquences naturelles de ses actions.

¤ PUNITIONS OU CONSÉQUENCES NATURELLES DES ACTIONS?

C'est d'ailleurs un point important dans la relation parent-enfant. Lorsque l'enfant pose une action qui n'est pas appropriée avec les valeurs, demandes ou conditions familiales, culturelles ou autres, notre premier réflexe est souvent d'avoir recours à la punition. Or, dans plusieurs cas, ces punitions s'ajoutent aux conséquences naturelles des actions ou, pire, en prennent la place.

Par exemple, un enfant décide de ne pas faire son devoir. On peut lui expliquer qu'il est important pour son apprentissage de faire ce travail, et comment cela peut l'aider. S'il décide tout de même de négliger son devoir, la conséquence naturelle de son action est qu'il sera pénalisé par son professeur et qu'il aura du mal à comprendre ou à intégrer la leçon visée par le devoir.

Notre premier réflexe pourrait être de nous emporter et de nous mettre en colère contre l'enfant; il réagira à son tour et nous entrerons dans une danse conflictuelle. En bout de ligne, le devoir n'est pas fait, la relation est entachée et aucun apprentissage n'en a résulté. Même si l'enfant est puni à l'école, il n'apprendra pas nécessairement le lien direct de cause à effet du devoir non fait. Pire, il arrive que le parent qui s'est fâché la veille se sente coupable et surcompense en écrivant, par exemple, une note au professeur excusant l'enfant pour le travail non remis. Du coup, le parent efface la conséquence naturelle de l'action de l'enfant et sabote le cheminement vers l'auto-responsabilisation.

L'attitude que confère l'énergie du Maître est d'autant plus importante en temps de crise. Généralement, le parent tend à glisser dans les peurs (élastiques à son propre Enfant intérieur) et a recours à des stratégies autoritaires ou critiques de son Parent-juge intérieur.

Or, dans les moments de crise, ce qui compte le plus pour l'enfant ou l'ado, c'est d'être accueilli dans ses émotions, dans ses peurs, dans ses dérapages. Que l'on pense à l'ado qui vit sa première peine d'amour, ou qui se laisse entraîner dans la drogue, ou encore qui vit une dépression et rumine des idées noires... Si l'espace n'est pas là pour partager les états d'âme, de part et d'autre, le parent pourra percevoir tout de même des signes, consciemment ou non, ce qui le fera basculer inévitablement dans la peur et l'inquiétude.

C'est alors qu'il est déterminant de savoir se centrer et de reconnaître ses propres peurs, jugements et résonances.

Notre Maître intérieur pourra alors avoir la clarté de vision et d'action requise pour accompagner l'élève vers la source de ses comportements et vers la guérison. Comme pour la plupart des humains qui traversent des périodes de souffrance, notre enfant en crise a besoin, avant tout, de se sentir aimé, écouté et accepté, et non jugé, en toute confiance.

Ainsi, par exemple, dans le cas de la vie scolaire, le parent qui utilise l'énergie du Maître saura, sans l'ombre d'un doute, que les devoirs *sont l'affaire de l'enfant*. Il saura le lui expliquer, depuis le rôle des devoirs jusqu'à leur symbolisme en termes de responsabilité liée aux rôles dans la société et aux étapes. Il pourra s'intéresser à ce qu'il apprend et fait, mais la responsabilité finale des devoirs et des études demeure celle de l'enfant. Cela doit être clair pour l'enfant, et le maître s'assure que c'est clairement compris. Il encourage la réflexion, saisit les moments de dérapage pour encourager les apprentissages depuis les erreurs et, bien sûr, porté par la foi inébranlable dans le potentiel de l'enfant, il partage sa réflexion avec celui-ci... éclairant ainsi la voie vers l'accomplissement de soi.

Retenons ceci : l'énergie du Maître nous permet, comme parent, d'enseigner à nos enfants à diriger leur vie avec compétence. Nous les guidons dans l'épanouissement des qualités qui leur permettent de devenir autonomes, créatifs et accomplis. Nous leur enseignons les grands principes, mais aussi les manières de faire face aux défis et de les relever. Nous leur apprenons à composer avec les problèmes, les erreurs et les échecs, à en tirer des leçons et à en sortir grandis. Nous leur donnons l'espace afin d'entrer pleinement dans leur lumière, dans la nature unique de leur essence, tout en respectant leurs rythmes et leurs différences.

> Le Maître nous permet, comme parent, d'apprendre à nos enfants à diriger leur vie avec compétence et à développer sérénité et sagesse.

Le Maître dans la famille reconstituée...

Un jour, alors qu'elle était au secondaire et que le moment semblait propice et ouvert, j'ai demandé à ma fille Isabelle si elle avait commencé à rêver à l'orientation qu'elle aimerait prendre professionnellement.

Fervente de sports et athlète depuis sa petite enfance, elle me répondit: «Je veux devenir une athlète olympique!» Rien de moins...

La pagaille s'est alors installée dans ma Triade intérieure:

– *Mais comment peut-elle penser,* dit mon Parent-juge, *avoir les capacités et la volonté pour devenir athlète olympique?*

– *Mais faut quand même pas détruire ses rêves!!!* s'exclame l'Enfant.

– *Mais elle n'a même pas la discipline de faire ses devoirs... croit-elle vraiment qu'elle va tenir jusqu'au bout! Moi, je dis que non!!! Quelle sottise!*

Le temps d'une grande respiration profonde, pour me recentrer un peu, permit à l'Adulte intérieur de s'avancer. Je n'avais toujours pas de stratégie ou de conseil à offrir... je lui dis tout simplement que c'était très intéressant... et que nous allions éventuellement voir ensemble ce qui était possible. Cela me donna le temps de prendre beaucoup plus de recul et de réflexion.

Je crois qu'inconsciemment je me suis branchée alors sur l'énergie du Maître. À défaut d'avoir pris pleinement conscience de cette énergie, mon intuition m'a guidée à prendre une pause de réflexion, seule et en silence.

Centrée, je pouvais maintenant accueillir le tout depuis mon Adulte intérieur:

– *Vous avez au fond tous les deux raison...* dit-il au reste de la Triade. *Pas question, bien sûr, de détruire ses rêves; ce serait trop triste, et je sens qu'il y a tout de même là quelque chose d'intimement lié à son essence, à sa nature. Et, en même temps, il est vrai qu'elle ne pèche pas par excès de discipline personnelle et de persévérance. Et je crois qu'elle ne réalise pas les exigences importantes ni les sacrifices que pose la vie d'athlète olympique...*

À ce point-ci, l'Adulte intérieur fait appel à bien plus qu'au Maître, mais à l'ensemble des mentors intérieurs:

– *La question qu'il faut se poser ici, c'est, comme parent, quel est mon rôle le plus élevé, celui qui englobe, auprès d'elle? Comment puis-je l'aider à trouver non seulement une voie qui lui plaira, mais aussi une voie qui s'alignera sur son plan de vie, sur son essence, sur ses talents et habiletés? Comment l'aider à répondre à l'appel? Comment l'aider à être?*

Bon, d'accord, peut-être qu'aujourd'hui je me poserais toutes ces questions en pleine conscience. Mais, même à ce moment-là, au cours de ma réflexion, elles étaient toutes là; quelques-unes étaient conscientes, les autres, à un niveau plus inconscient, celui de l'intuition.

Toujours est-il que, quelques jours plus tard, à un moment que je sentis opportun, nous nous sommes assises toutes les deux et j'ai pu bien cerner le sujet. Sans prendre de décision pour elle, je lui ai présenté les difficultés et exigences de la discipline olympique, nous en avons exploré les joies, les récompenses, comme les sacrifices et les contraintes. De plus, je lui ai demandé de se visualiser en athlète olympique, et lui ai posé cette question: «Quand tu es athlète olympique, qu'est-ce que ça t'apporte?» Elle a pu découvrir ce qui, dans cette vision, la nourrissait, la comblait. Et nous avons finalement exploré les autres champs possibles qui pourraient lui procurer ces bénéfices...

Isabelle complète maintenant un programme universitaire comme enseignante spécialisée en éducation physique pour les enfants du primaire et du secondaire, et depuis plusieurs années, elle est sauveteur, enseigne la natation et forme des instructeurs à la piscine de notre quartier. Elle sera une enseignante, elle l'est déjà, de grande qualité. Elle est dans sa lumière.

Seul le Maître peut prendre cette approche. Éclairer la voie, voir au-delà de ce qui est évident, encourager le développement sans prendre en charge ce développement, soutenir dans les moments nécessaires et féliciter quand il est bon de le faire.

Comment le Maître peut-il faciliter la relation du parent en famille reconstituée? Isabelle est la fille de mon conjoint; je ne suis pas sa mère mais sa belle-mère. Pourtant, dans l'énergie du Maître, j'ai pu contacter humilité, tendresse, accueil et fermeté bienveillante; j'ai donc pu l'accompagner dans un espace aimant, bénéfique et propice à l'évolution de notre relation.

6. Le Sage

« La sagesse, c'est de pouvoir s'asseoir ensemble
et discuter à fond de nos différences
– sans intention aucune de les modifier. »

GREGORY BATESON[25]

Le Sage prend racine dans l'éveil de l'inconscient. En mythologie ou en légende, le Sage est souvent représenté par un vieil homme, ou une femme âgée, riche de son expérience de vie, d'une vision intérieure supérieure et d'une capacité à préserver le lien à sa paix intérieure. Le Sage, c'est celui qui sait.

Que ce soit dans le monde moderne des organisations ou dans les cultures anciennes, les sages sont les aînés, les conseillers. On les retrouve souvent regroupés, en conseil de sages, et de là ils ont un regard qui transcende les luttes, les émotions ou les préjugés. Ils sont la mémoire de l'humanité et ont à cœur son évolution et sa pérennité.

Comme parents, comme êtres humains, le mentor intérieur du Sage nous lie à l'histoire de l'humanité. Il ravive le lien aux ancêtres, aux générations d'humains qui nous ont précédés, qui se sont accomplis en transcendant les souffrances et sur qui nous nous appuyons.

Le Sage, c'est aussi, dans la tribu, celui qui se fait le gardien de la communauté et de ses valeurs, de son harmonie. En nous liant à notre Sage intérieur, nous pouvons vibrer sur son rôle, celui de préserver la famille et son évolution, dans la paix et l'harmonie.

---

25. *Dilts, Robert.* Leadership efficace : Leadership de service. *Op. cit.*

Le réseau familial – Préserver la relation entre parents multiples !

« La meilleure chose dans la vie de famille est de saisir l'allusion quand il y a allusion – et de ne pas saisir d'allusion quand il n'y a pas d'allusion. »

ROBERT FROST[26]

Le Sage est une énergie qui émerge de l'immobilité, du calme intérieur et de l'ouverture. Au fond, la vie est une longue mouvance continue, jonchée d'embûches et de moments de grâce. Mais, branchés à l'énergie du Sage, nous nous retrouvons dans l'œil de la tempête, immobiles et paisibles au sein des tourbillons inévitables de la vie.

L'un des grands défis de la famille reconstituée réside dans la multiplicité de la structure relationnelle. L'enfant se retrouve avec de multiples parents, les parents avec de nombreux enfants qu'ils n'ont pas nécessairement vus grandir. Alors que nous nous tournons vers la famille pour nos racines... voilà que nous sommes entourés d'étrangers à apprivoiser.

Et, avec la nouvelle famille reconstituée, le réseau familial prend une ampleur étourdissante – nouveaux grands-parents, nouveaux petits-enfants, nouveaux oncles et tantes, cousins et cousines. Et, bien sûr, les liens plus ou moins abîmés entre les ex-conjoints.

> Être parent de famille reconstituée, c'est l'art de la relation mis à l'épreuve !

26. *Traduction libre par l'auteure.*

¤ AU-DELÀ DU PARDON, L'ACCUEIL INCONDITIONNEL

L'un des obstacles fondamentaux à l'harmonie des relations, particulièrement en famille reconstituée, est la propension que nous avons, comme êtres humains, à nourrir la toxicité.

C'est probablement ce qui confère d'ailleurs son immense pouvoir à l'Enfant intérieur – dans son énergie (lorsque dans son ombre), nous tenons mordicus à notre histoire, à nos blessures et nous transportons avec nous, comme un immense sac de pierres, nos souffrances passées.

L'une des meilleures manières de trouver un mieux-être immédiat est de prendre la décision de délester ces bagages qui, au fond, appartiennent au passé. Tant de sources nous parlent de l'art du pardon, des énormes bénéfices psychologiques, affectifs et même physiologiques de pardonner... et, pourtant, cela semble l'une des décisions les plus éprouvantes à prendre.

Et si nous y allions doucement? Comme première étape, observons *qui* est le gardien de la rancœur. Car, honnêtement, ce qui nous empêche de pardonner, c'est que nous tenons intensément à notre ressentiment. Ironiquement, et sans grande surprise, nous constatons que notre Enfant intérieur se tient de pied ferme, poings vengeurs, à la porte du pardon. Il crie à l'injustice, à la vengeance, à la haine. À la souffrance, la nôtre, aussi.

Or, nous avons vu qu'il est impossible d'observer ou de reconnaître notre Enfant intérieur si nous ne sommes pas dans l'Adulte. Ce n'est que dans l'Adulte, quand nous sommes centrés, que nous pouvons observer notre Enfant intérieur. Nous voilà donc en mesure de changer le focus, de prendre de plus en plus conscience de notre centre, de notre partie sage, de notre cœur aimant.

Centrés, nous pouvons réaliser maintenant que nous avons le choix. Ou bien nous décidons de continuer à souffrir et à injecter toute cette énergie toxique dans nos relations, ou bien nous décidons que nous n'avons plus besoin de cette souffrance, que nous pouvons maintenant choisir de reconnaître les apprentissages et la transformation qu'ont amenés toutes ces situations difficiles et blessantes. Nous pouvons délibérément prendre la décision de cesser de nous rendre malheureux.

Prendre la décision de pardonner nous connecte encore plus profondément à notre humain complet. Mais ce n'est pas facile, car l'ego se rebelle et l'Enfant intérieur mène une lutte acharnée pour nous maintenir dans la rancœur. À nous de choisir.

Une fois que nous avons goûté au bien-être du pardon, à la liberté de choisir pleinement ses états d'âme, voilà que nous pouvons entrer en relation avec l'humain derrière les rôles. Et, du coup, honorer ces rôles.

Une manière aidante de nous exercer au pardon, c'est d'accorder de petits pardons. Quand nous prenons la décision de pardonner, il est parfois difficile de ne pas avoir de *rechute*... lorsque nous transigeons, par exemple, avec notre ex-conjoint. «Ah, il me critique toujours! Il me dit toujours ceci ou cela!»

Notre vigilance nous permettra de reconnaître l'arrivée puissante et réactive de l'Enfant intérieur. Si pardonner est notre *intention*, nous pouvons nous aligner sur elle comme sur un phare; nous recentrer et lâcher prise de la frustration du moment.

À la longue, nous constatons l'inutilité de tout ce bagage... et nous nous apercevons que la relation se transforme doucement. «Mon conjoint a changé, il est plus gentil, moins agressant...», me direz-vous. Je sourirai. Ce qu'on met dans la relation nous revient toujours!

Nous pouvons commencer par être courtois. Puis y aller par étapes, de l'ouverture à la compréhension, à la compassion, au pardon.

Et plus nous pratiquons le pardon, plus nous y devenons habiles. À tel point qu'un jour nous pourrons passer à l'autre forme de pardon... l'accueil inconditionnel.

C'est alors que l'énergie du Sage trouvera une voie inégalable pour irradier tout notre être.

Et, dès ce moment, notre Enfant intérieur reconnu trouve sa guérison dans tous les actes du quotidien, dans toutes les relations. À la condition que nous entrions en relation depuis notre Adulte – dans notre Sage, dans notre centre.

Pardonner, accueillir inconditionnellement, c'est un peu comme si la relation devenait un cours d'eau. Quand je me trouve dans cet état de sérénité et de paix intérieure, peu importe ce que l'autre envoie de mon côté, j'ai le choix d'entrer en résonance, en réaction, ou de juste laisser passer les influx comme des marques de doigt dans l'eau... en gardant en conscience l'intention, celle de l'harmonie, de la bienveillance et du pardon. Et alors, comme des marques de doigts dans l'eau, ce qui entre dans la relation demeurera fluide et sans traces.

¤ LE BOL RELATIONNEL : UNE AIDE À L'ACCUEIL INCONDITIONNEL ET AU PARDON

Quand mes enfants étaient petits, presque au début de notre nouvelle famille, ils devaient alterner entre les séjours chez nous et chez les autres parents. Cette situation a demandé à tous de développer des capacités d'ajustement, incluant la souplesse et l'aptitude à accueillir et à gérer ses émotions.

Or, il se trouve que, durant les périodes de transition, adultes et enfants interagissent souvent entre eux de manière moins centrée, à partir de leurs blessures, de leur Enfant et de leur Parent-juge. Ainsi, il peut arriver que nous-mêmes, ou un autre papa ou maman, ou même des amis, disent à nos enfants des choses sous le coup de l'émotion, et qu'ils reviennent à la maison en pleurs, blessés et ne trouvant pas de manière pour retrouver leur équilibre.

Un jour, lors d'un pareil incident, il m'est venu l'idée d'expliquer à l'un de mes enfants le concept du *bol relationnel.*

Mon enfant était arrivé de l'extérieur en pleurs et me lança: «Elle m'a dit que je n'étais pas belle en rouge!» J'ai su plus tard qu'il y avait eu des remarques beaucoup plus profondes, mais souvent nous volons en éclats pour quelque chose qui nous semble trivial, comme de la poudre aux yeux qui cache quelque chose de pire. Quoi qu'il en soit, même en se concentrant sur ce qui semble léger, notre subconscient fera les liens nécessaires pour s'occuper des chagrins plus profonds.

Après un câlin et avoir écouté l'enfant, je lui ai dit: «Viens, je vais t'expliquer quelque chose.»

J'ai donc posé sur une table un grand bol en aluminium et distribué entre nous deux quelques objets de couleurs différentes.

— *La prémisse*

Je lui ai expliqué que toute relation se passe strictement entre deux individus. (Croyez-moi, même très jeune, l'enfant peut parfaitement comprendre ce principe.) Il peut y avoir une grande quantité d'interactions, mais chaque relation comprend deux individus: moi et l'autre personne.

Or, dans chaque relation, il y a trois espaces: mon espace, l'espace de l'autre et l'espace relationnel. Cet espace, ce *bol relationnel,* est la partie que l'on oublie le plus souvent de prendre en compte.

— *Le jeu*

En relation, chacun de nous met dans le bol ses propres idées, énoncés, perceptions, croyances, visions, opinions. Je lui ai demandé de penser à *Le rouge ne te va pas bien* et de choisir *un objet de couleur qu'on lui associe; elle a pris une pomme rouge).* Puis, de placer cet énoncé (la pomme) dans le bol relationnel.

Je lui ai expliqué que, même si elle me dit: «Le rouge ne te va pas bien» et qu'elle le place dans le bol entre nous, cet énoncé continue d'être à elle. Il parle d'elle, il vient d'elle, même si cette opinion est sur moi. C'est son opinion.

J'ai maintenant le choix d'observer l'énoncé et de prendre une décision sur lui. *(Vous pouvez prendre l'objet dans votre main et le scruter sous tous ses angles; vous pouvez même l'approcher de vous pour «l'essayer».)*

Après l'avoir scruté, je peux décider de le laisser dans le bol relationnel s'il vient à l'encontre de mon ressenti, de mes perceptions ou autres. Ou s'il me blesse, tout simplement.

Ou je peux décider de le prendre dans mes mains et de le faire mien.

Si je laisse mon Enfant intérieur blessé s'en emparer, il pourra devenir alors *je ne suis pas belle en rouge*; *tu ne m'aimes pas quand je porte du rouge*; *tu ne m'aimes pas*»; ou bien *tu n'aimes jamais ce que je fais*; et on peut varier encore et encore, indéfiniment.

Par ailleurs, si je décide de le faire mien depuis mon Adulte intérieur, je peux décider que l'autre a raison – si, au fond de moi, je trouve aussi que le rouge n'est pas une bonne couleur pour moi – et décider de ne jamais en porter. Ou encore, puisque je suis centrée, je peux extraire ce qui est pertinent... Je peux réaliser, par exemple, que certains rouges me vont moins bien, alors que d'autres rouges, plus bleutés, mettent mon teint en valeur!

En bout de ligne, cependant, la décision d'être en accord ou en désaccord avec cet énoncé ne revient qu'à moi. De même que la décision de laisser l'autre me déranger ou non.

— *Les bénéfices*

Nous voyons donc qu'en introduisant le concept de bol relationnel, cela permet à l'enfant (et à l'adulte) d'insérer une pause et de prendre le temps :

- de se centrer et de se connecter à son Adulte intérieur, dès la première réaction, (souvenons-nous que, peu importe l'âge de l'enfant, il a toujours accès à son Adulte intérieur, que nous apprenons à parrainer. L'Adulte intérieur, c'est la partie de soi qui réagit de manière appropriée, dans l'ici maintenant) ;
- d'évaluer si l'énoncé qui est lancé dans sa direction lui est utile ou bénéfique ;
- de décider de prendre ce qui lui est utile tout en conservant son pouvoir décisionnel.

L'enfant apprend ainsi qu'il a toujours le choix de ses propres réactions à ce qui est dit ou fait dans une relation avec lui – et si on reprend ce jeu assez souvent, il réalisera aussi qu'il est responsable de ce qu'il met dans le bol relationnel.

C'est donc en réalisant que je suis responsable de mes réactions intérieures, de mes émotions, peu importe ce que l'autre met dans la relation, que je peux librement prendre la décision d'accueillir ce qui est là sans que cela me blesse, car la blessure provient non pas de ce qui est dit, *mais de ce que j'en fais.* C'est dans la résonance intérieure que ce qui me vient de l'extérieur vient me blesser.

Une telle réalisation, plus elle est nourrie et intégrée, peut nous amener à constater que toutes nos souffrances sont approfondies par notre perception, nos résonances et notre discours intérieur. Nous pouvons donc décider de nous faire porteurs d'accueil et d'harmonie plutôt que de vengeance et de colère.

On comprendra que cela peut avoir un impact majeur sur l'ensemble du système. En effet, tout changement dans un système entraîne un nouvel équilibre de ce système. Je n'ai pas besoin de changer tous les autres, juste ce que, moi, j'y mets. De plus, en enseignant une telle approche à mes enfants, ils construisent la maturité émotionnelle et affective pour exprimer de manière centrée leurs opinions, et accueillir les différentes opinions autour d'eux.

On peut même apprendre à parler de nos réactions, à partager, par exemple, le fait que nous venons de nous décentrer – il est très intéressant de noter que cette seule constatation permet à tous de se recentrer. Ce genre de partage encourage la réflexion et la communication et favorise l'apprentissage en profondeur.

Rappelons-nous également que l'Enfant appelle le Parent-juge et l'Enfant chez l'autre, et vice versa, alors que l'Adulte intérieur appelle l'Adulte. Si nous maîtrisons l'art d'être centrés, nous nous plaçons dans un espace qui laisse à notre interlocuteur l'occasion de retrouver son centre, au grand bénéfice de l'échange.

Il s'ensuit que nos réactions, nos comportements, nos décisions se font dans l'Adulte, *donc de manière appropriée à l'ici maintenant.* Sans leur injecter la toxicité de situations et d'émotions passées et, conséquemment, hors de notre contrôle.

Une telle reprise de notre pouvoir intérieur est particulièrement apte à bâtir l'estime de soi chez l'enfant. Car nous lui apprenons, par l'exemple, à retrouver son propre pouvoir intérieur. Il se sent reconnu et apprend à trouver sa place. De plus, en retrouvant son droit d'accepter ou de refuser ce qui est mis dans la relation, il peut également apprendre à se protéger des abus et des situations dangereuses, car, dans cet espace, il apprend à reconnaître ce qui est bénéfique ou malsain pour lui.

Le Sage dans la famille reconstituée...

Dans notre famille reconstituée, l'énergie du Sage a joué un rôle important dans la préservation de l'harmonie au sein du réseau familial. D'emblée, nous avions pris la décision de préserver la relation avec *l'autre parent*. Intuitivement, ce faisant, nous avons contacté le Sage.

À la longue, nous avons pu voir les avantages d'honorer les rôles. Mon rôle comme mère de famille reconstituée n'est pas entré en conflit avec celui de l'autre maman et, en même temps, j'ai pu amener une présence maternante à mes nouvelles filles.

De la même manière, mes fils ont retrouvé une seconde figure paternelle auprès de mon nouveau conjoint. Puisque mon intention incluait la préservation de la relation avec mon ex-conjoint, mon Adulte intérieur a pu observer l'amour du papa pour ses fils, au-delà de la méthode d'expression, et leur en faire prendre conscience.

Lorsque l'approche est choisie en pleine conscience, elle est d'autant plus solide et durable. De notre côté, alors que nous balbutiions et découvrions à tâtons, intuitivement, je vous avoue qu'elle a été souvent mise à l'épreuve.

Je me souviens d'une anecdote survenue tôt dans notre nouvelle famille alors que mon jeune fils était à la maternelle. Il avait eu pour projet à l'école de dessiner une carte pour la fête des Mères. À son arrivée de l'école, il la sortit de son sac et me la montra en me disant: «Regarde!» C'était une belle carte avec un soleil qui disait: «Bonne fête des Mères!» «C'est pour moi?» lui demandai-je. «Ben non, je l'amène à Suzanne!» (Suzanne est l'épouse de mon ex-conjoint et, ce week-end-là, les garçons visitaient leur père.)

Je n'ai pas eu le temps de cligner des yeux que mon Enfant intérieur avait bondi littéralement pour saisir l'occasion au vol: me voilà sur le dos! Une grande respiration plus tard et un sourire plus ou moins convaincant... je me suis retrouvée dans ma chambre en sanglots, battue à fond par la lutte intérieure entre mon Parent-juge (*Tu vois, tu n'es pas une bonne mère!*) et mon Enfant (*Il ne t'aime plus!*)... bref, vous voyez un peu le topo!

À l'époque, en effet, bien qu'intuitivement j'eusse déjà saisi les principes du réseau familial et du Sage, je n'en avais pas pris conscience à fond. Cette anecdote m'en donna l'occasion. Je pris finalement soin de me recentrer, puis, cela fait, bien installée dans mon Adulte intérieur, non seulement j'ai pu constater que mon fils m'aimait encore profondément, mais que, de mon côté, je devais admettre que j'étais heureuse et rassurée qu'il ait une si belle relation avec sa nouvelle belle-mère. Il avait raison, Suzanne est une merveilleuse maman, et je trouve très rassurant de savoir que, lorsqu'il est chez son papa, elle puisse apporter une présence maternante et réconfortante.

Abordé sous cet angle, le réseau parental peut non seulement être harmonieux, mais aussi être source de soutien mutuel et partagé pour les enfants comme pour les parents.

Alors, la prochaine fois que vous serez emporté par une remarque, une colère, une réaction négative, posez-vous la question: «Qui est là?» Retrouvez votre Adulte intérieur et demandez-vous: «Quel est mon phare, mon intention?» et naviguez sous sa lumière.

7. Le Magicien

« Les hommes de chez toi, dit le Petit Prince, cultivent cinq mille roses dans un même jardin... et ils n'y trouvent pas ce qu'ils cherchent...
– Ils ne le trouvent pas, répondis-je...
– Et cependant ce qu'ils cherchent pourrait être trouvé dans une seule rose ou un peu d'eau...
– Bien sûr, répondis-je.
Et le Petit Prince ajouta : Mais les yeux sont aveugles. Il faut chercher avec le cœur. »

Antoine de Saint-Exupéry[27]

Il est de ces histoires qui ne vieillissent pas, qui inspirent au-delà du temps, au-delà de la vie. Comme si elles étaient tissées de la même matière qui nous lie les uns aux autres. Il en va ainsi de notre vie, de nos vies qui s'unissent l'espace d'un instant ou pour l'éternité.

Je suis souvent inspirée à l'idée que toutes ces rencontres que nous faisons, que toutes les relations que nous bâtissons tout au long de notre vie, sont chacune d'elles un espace sacré et de guérison. Chaque personne qui se tient devant moi et que j'honore est une partie de moi que je guéris ; et chaque personne que je blesse est une blessure que j'ouvre en moi.

Nous avons parcouru un bout de chemin ensemble, nous inspirant de grands archétypes, à la lumière du phare que nous avions posé : s'accomplir comme parent et devenir un meilleur humain. Trouver l'éveil : cette quête pour retrouver notre essence, notre nature d'être spirituel en terre humaine. À la découverte de soi, nous avons pu vibrer à l'autre et commencer à éveiller notre

27. *Saint-Exupéry, Antoine de.* Le Petit Prince. *Op. cit. p. 81.*

humain complet, fort de ces qualités qui nous élèvent et nous sanctifient.

Tout en accueillant tendrement la vulnérabilité des humains que nous sommes et ceux qui nous entourent, nous avons pris le temps de la réflexion sur l'amour inconditionnel et l'accueil du Parent aimant; la fidélité et l'intégrité du Gardien; la clarté et la souplesse du Guide; la foi du Maître; la compassion et la force du Leader bienveillant; ainsi que la paix et la sérénité du Sage.

Il ne nous manque plus que la connexion divine, l'immense créativité du Magicien, heureux retour du Sage vers l'Enfant libre.

C'est à force de solliciter les énergies des mentors intérieurs, de poser sur nous et sur eux la réflexion et de nous guider à la lumière de notre intention, que nous intégrerons ce qui est de plus beau en nous, de plus élevé. C'est alors que, comme dans le voyage du héros, se présentera le Magicien.

En cultivant au fond de soi la flamme qui nourrit notre quête, celle d'être le meilleur humain que l'on puisse être, s'éveille en nous ce qui anime depuis toujours le Magicien – l'appel qui suit la transformation, le cri de l'âme qui redécouvre sa connexion à l'humanité et sa raison d'être – tendre la main vers ces autres âmes prisonnières des souffrances humaines pour les en libérer.

Comme parents, et comme parents de familles qui se sont déchirées puis renouvelées, il nous est donné une occasion exceptionnelle d'accompagner d'autres humains vers l'éveil, les accompagnant dans la découverte de leur raison d'être, du sens de leur vie. Notre potentiel de contribution à l'humanité est ainsi multiplié.

Miroirs et mentors

Au fur et à mesure que nous cheminons dans l'énergie des archétypes, nous pouvons nous trouver des affinités avec l'un ou l'autre des mentors. Certains sont déjà très présents en nous alors que d'autres sont absents ou plus faibles.

Nous pourrons aussi y reconnaître les gens de notre entourage, et particulièrement nos enfants et les enfants de l'autre. Dans notre rôle de parents éveilleurs, nous pourrons puiser à notre intuition pour encourager la croissance de ces pousses parfois solides, parfois vulnérables, dans le respect de leur nature et en vue de leur réalisation.

Ultimement, nous apprendrons à nous rendre de plus en plus fréquemment au centre de notre Adulte, à l'unisson avec notre âme, pour y nourrir et encourager l'épanouissement de l'Adulte en nos enfants. Et cet Adulte, qui a ouvert l'espace des grandes qualités de l'âme, cet Adulte qui n'a qu'un désir, celui de devenir meilleur pour mieux guider, accompagner et rayonner, c'est le Magicien.

C'est dans le Magicien qu'évoluent tous les autres mentors, et c'est de là que je peux décider maintenant d'être le point de changement. Décider qu'avec moi s'arrête la transmission des attitudes, croyances et valeurs toxiques, qu'elles soient culturelles, intergénérationnelles ou autres. Alors que le racisme, le sexisme et toute autre forme de ségrégation s'apprennent durant l'enfance et dans la famille, je réalise que, comme pour la violence, ce sont là des valeurs et des comportements qui se transmettent, et que, comme parent, je transmets. En moi repose la liberté de choisir de cesser ces transmissions, ces enseignements. C'est animée par l'esprit du Magicien, union de l'éveil et de tous les mentors, doublée de l'émerveillement et de l'innocence de l'Enfant, que je peux décider de la direction que je veux donner à l'humanité par le biais de ma relation à ma famille, à mes proches, à mes enfants.

D'Adulte à Adulte, je saurai apprendre à mes enfants le devoir qui me lie au reste de l'humanité, soit la responsabilité sociale. La force de l'implication, tant politique que sociale, la force du bénévolat et de l'entraide. Je pourrai leur apprendre à ne rien tenir pour acquis, à n'accepter aucune injustice, à ne tolérer aucune souffrance inutile. Et toutes les souffrances sont inutiles. Je pourrai leur apprendre la compassion la plus profonde et l'action juste.

Je leur apprendrai aussi l'amour tendresse, l'accueil et la souplesse, qui ne sont possibles que dans la plus grande humilité et qui demandent une réflexion constante sur notre intention et sur nos actions.

Je leur apprendrai le silence, pas le silence des non-dits et des secrets de famille. Le silence de l'écoute, de l'accueil et du respect. Le silence essentiel à l'intuition, à l'écoute du Guide intérieur.

Finalement, je leur apprendrai à être heureux. À trouver dans l'Enfant intérieur, libéré de toutes ses obsessions, ses peurs et ses attentes, un regard nouveau. En lien profond avec la terre mère qui nous accueille et que nous habitons, je leur apprendrai à lui demander pardon, à la retrouver et à en prendre soin, à la guérir, s'il est encore possible de le faire.

Et, comme parent, je retrouverai la gratitude, car tous ces enfants qui me sont prêtés, à travers mon corps ou par le biais des ruptures et des unions, m'apprennent la paix de l'âme.

Et l'âme, on le sait, est une entité heureuse.

QUELQUES SUGGESTIONS DE LECTURE

Benoit, Joe-Ann. *Visuel, auditif ou kinesthésique.* Éditions Quebecor, Québec, 2003.

Bouchard, Sylvie A. *Quand on fait semblant d'être soi – Jamais à la hauteur / Transformer son regard autocritique en regard aimant.* Béliveau Éditeur, Québec, 2010.

Brady, Chris et Orrin Woodward. *Launching a Leadership Revolution – Mastering the Five Levels of Influence. Business Plus.* Hachette, New York, 2005.

Campbell, Joseph. *Le héros aux mille et un visages.* Escalquens, Paris, 2010.

Campbell, Joseph. *Les mythes à travers les âges.* Éditions Le Jour, 1993.

De Hennezel, Marie. *La mort intime.* Éditions Robert Laffont, Paris, 1995.

De Saint-Exupéry, Antoine. *Le Petit Prince.* Éditions Gallimard, 1946.

Dilts, Robert. *From Coach to Awakener.* Meta Publications, USA, 2003.

Dilts, Robert. *Visionary Leadership Skills – Creating a world to which people want to belong.* Meta Publications, USA, 1996.

Hannaford, Carla, Ph.D. *The Dominance Factor.* Great Oceans Publishers, 1997.

Mandela, Nelson. *Long Walk to Freedom – The autobiography of Nelson Mandela.* Little, Brown and Company. Hachette, New York, 1997.

Peacock, Fletcher. *Arrosez les fleurs pas les mauvaises herbes! – Une stratégie qui révolutionne les relations: professionnelles, amoureuses, familiales.* Les Éditions de l'Homme, Québec, 1999.

Sa Sainteté le Dalai Lama et Laurens Van Den Muyzenberg. *La route des leaders. Ce que le bouddhisme peut apporter aux dirigeants.* Éditions Le Jour, Québec, 2008.

Stewart, Ian et Vann Joines. *Manuel d'analyse transactionnelle.* Dunod-InterÉditions, 2005.

Wagele, Elizabeth. *The Enneagram of Parenting.* Harper Collins, New York, 1997.

REMERCIEMENTS

Je trouve fascinant de suivre l'histoire d'un livre. Pour moi, c'est comme décrocher une histoire du firmament. De remarques en remarques, les clins d'œil se multiplient pour me faire signe qu'il est temps. Puis un jour, je présente l'idée à mon éditeur, Mathieu, peut-être ne réalises-tu pas à quel point ta magie imprègne ces livres que tu aides à faire naître ! Merci de ta capacité à mener cette équipe qui concrétise le rêve et qui lui donne sa forme finale. Et merci à toute l'équipe de Béliveau Éditeur pour le soutien, le professionnalisme et l'enthousiasme. Le respect aussi de l'espace sacré du message.

Ma gratitude est profonde pour tous ceux et celles qui entrent dans ma vie et qui me donnent le privilège d'entrer dans la leur. Mes clients que je porte tous dans mon cœur ; mes amis avec qui les liens vont au-delà de l'amitié, dans nos rencontres d'âme ; mon réseau familial qui me donne mes racines et mon souffle ; mes sœurs, ma triade à moi – et, bien sûr, mes quatre magnifiques enfants, jeunes adultes qui me portent et me ravissent chaque jour un peu plus.

Et, ultimement, à Martin, mon Gardien, mon Guide, mon Magicien... toi qui me permets de poursuivre mon plan de vie.

À PROPOS DE L'AUTEURE

SYLVIE A. BOUCHARD est auteure, coach et enseignante certifiée en PNL (Programmation Neuro Linguistique). Diplômée en économie et sociologie à l'Université de Montréal, elle œuvre dans le secteur du capital humain depuis plus de trente ans, se spécialisant de plus en plus vers le domaine de la compétence relationnelle et émotionnelle.

Maître praticienne et coach PNL certifiée, son parcours l'amène à devenir présidente fondatrice de la Société internationale des coachs PNL (SICPNL) dont le mandat vise la professionnalisation de la profession de Coach PNL.

Outre ses activités de conférencière, d'enseignante et de coach de vie, elle se consacre maintenant au développement du leadership. Elle y ajoute également des activités de bénévolat et de soutien à des causes qui lui tiennent à cœur: Enfant-Retour Québec, Médecins sans Frontières, OMPAC (Organisation multiressources pour les personnes atteintes de cancer).

En février 2010, elle a publié son premier livre, *Quand on fait semblant d'être Soi,* chez Béliveau Éditeur. Pour la joindre, communiquez à:

sylvie@sylviebouchard.org
www.sylviebouchard.org

Autre ouvrage de l'auteure

Quand on fait semblant d'être soi

• Jamais à la hauteur •

Transformer son regard autocritique en regard aimant

C'est lorsque nous découvrons l'ampleur de la «pollution» de notre vie et de notre esprit, quand tout s'écroule et que nous respirons enfin un grand coup, que nous pouvons alors songer à voir les choses d'un regard neuf.

Nous pouvons aussi vouloir trouver notre vérité, et le seul maître qui compte pour nous, c'est nous-mêmes. Pas notre ego ou nos personnalités construites de souffrances, d'illusions et d'émotions, mais bien ce qui reste quand il ne reste plus rien: le «moi» qui m'observe derrière mes colères, mes crises, mes pleurs et mes sensations extrêmes.

Et, ironiquement, lorsque nous avons consacré notre vie à tenter de plaire, à nous définir dans le regard de l'autre, lorsque nous avons vécu une vie parallèle dans le seul but de nous faire accepter, lorsque nous avons omis d'apprendre à accueillir, à recevoir et à nous laisser aimer, c'est alors que, dans un moment de silence et d'immobilité, nous pouvons commencer à croire en notre Lumière et désirer la découvrir encore plus.

200 pages - 978-2-89092-446-8 - Béliveau Éditeur

RECYCLÉ
Papier fait à partir de matériaux recyclés
FSC® C103567
www.fsc.org

Marquis imprimeur inc.

Québec, Canada
2011

Imprimé sur du papier Silva Enviro 100% postconsommation traité sans chlore, accrédité ÉcoLogo et fait à partir de biogaz.

100%

PERMANENT